Matthias Müller

Das Leben ist zu kurz für Beinschlagtraining

-10 Ironman mit MS-

Stolpern, Fallen, Aufstehen

Danksagung

Es ist mir leider nicht möglich, jedem einzeln zu danken, dann wüsste ich gar nicht, wo ich anfangen und wo ich aufhören sollte. Ich durfte mich daheim, bei meinen Wettkämpfen, meinen Blogs bei triathlon-szene.de oder den „Emus" so oft über unzählige umwerfende Aufmunterungen freuen, mal virtuell, mal persönlich. Dies half mir über manch heikle Stolperstelle hinweg und motivierte mich, das Streben nicht aufzugeben. Ich freue mich sehr, dass ich glaubhaft vermittelt bekam, dieses Gefühl mitunter weitergeben zu können. Dies ist auch der Hauptzweck dieses bewusst launigen, offenen, sicherlich nicht fehlerfreien Buchs: Sinnbildlich zu seinen eigenen Einschränkungen zu stehen, aber das Beste daraus zu machen und das Träumen nicht aufzugeben.

Ein besonderer Dank gebührt meinem Schwager Thomas für die tolle Gestaltung des Covers sowie Peter, der mit enormer Geduld und Hingabe unzählige Stunden für den guten Zweck opferte und mir half, zumindest die gröbsten Fehler zu vermeiden. Der Rest geht auf meine Kappe. **Abschließend möchte ich mich bei allen ganz, ganz herzlich bedanken. Ihr seid große klasse.**

Immer an meiner Seite ist meine Frau Petra. Tausend Dank für Deine nie nachlassende herzliche Unterstützung, deinen unerschütterlichen Optimismus und nimmermüde Tatkraft. Ohne Dich wäre vieles nicht möglich oder es würde keinen Spaß machen. Du bist mein Herzblatt.

Das Buch widme ich meinem Vater, der mir nicht nur im Haus, Hof und Garten den Rücken frei hielt, sondern mich auch lehrte, dass man mit dem entsprechenden Willen - manche mögen es als Sturheit bezeichnen - auch unmöglich erscheinende Ziele erreichen kann.

Matthias Müller

Das Leben ist zu kurz für Beinschlagtraining

-10 Ironman mit MS-

Stolpern, Fallen, Aufstehen

Bibliografische Information der Deutschen Nationalbibliothek:
Die Deutsche Nationalbibliothek verzeichnet diese Publikation in der
Deutschen Nationalbibliografie; detaillierte bibliografische Daten sind im
Internet über http://dnb.dnb.de abrufbar.

Lektorat und Korrektorat: Dr. Peter A. Bergholz

Herstellung und Verlag: BoD – Books on Demand, Norderstedt

ISBN: 978-3-7504-0641-4

Inhaltsverzeichnis

3 Ironman in 7 Wochen-Stolpern, Fallen- Aufstehen?
Langdistanz Limmer 02.06.19

Ich liege auf dem Boden, bin völlig fertig. 3,8 Kilometer Schwimmen, 180 km Radfahren und 7 km Laufen habe ich heute bereits absolviert. Jetzt streikt mein Kreislauf mal wieder. Viele Athleten mussten bei den heißen Temperaturen bereits aufgeben. Gestern war noch gefühlter Winter, nun glüht die Sonne. Der Körper bekam einfach zu wenig Zeit, sich an den Wetterumschwung zu gewöhnen.

Vor einem Jahr reifte in mir die vollkommen verrückte Idee, 3 Langdistanzen in 7 Wochen finishen zu wollen, jeweils die Strecke eines IRONMAN. Momentan sieht es so aus, als ob ich gleich beim ersten Versuch scheitere. Ich müsste noch 35 Kilometer laufen, das wären bei meinem bescheidenen Zustand endlos lange Stunden. Vielleicht kippe ich nach dem Aufstehen aber auch gleich wieder um? Soll ich besser liegenbleiben? Am Boden ist die Fallhöhe gering. Für nahezu jeden normalen Menschen ist allein ein einziges Finish einer harten Langdistanz gigantisch. Ich bin über 50 Jahre alt, weder beweglich noch beim Schwimmen, Radeln oder Laufen besonders talentiert. Auch für mich war es in der Vergangenheit völlig unvorstellbar, die Distanz eines Ironman am Stück zu bewältigen. Dass die Kraft der Träume, gewürzt mit einer gewissen Dickköpfigkeit und langem Atem überraschend erfolgsversprechend sein kann, durfte ich allerdings früher schon erleben.

Mittlerweile habe ich eine zusätzliche Herausforderung, ich habe Multiple Sklerose, kurz MS. Sie ist gnadenlos, setzt mir Grenzen, schickt immer wieder negative Gedanken an Gehstock, Rollstuhl, Hilfslosigkeit, lässt mich stolpern, zweifeln. Keiner kann ihren Verlauf vorhersagen, der nächste Schub kann jederzeit kommen, sie ist unheilbar. Doch gerade so verhilft sie mir auch zu ungeahnter Stärke.

Ich lebe intensiv für jeden einzelnen Augenblick des „Ich kann, ich darf", für unbezahlbare Erlebnisse, die mir keiner mehr nehmen kann. Diese Zeit könnte schneller vorbei sein als man möchte. Klar ist: Jedes Fallen schmerzt. Liegenbleiben wäre durchaus verlockend, aber nur mit Aufstehen darf ich auf die faszinierende Wandlung von Zweifel und Sehnsucht in Zuversicht und Stärke hoffen. Ich wage...

...ja, was? Nun, beim Schreiben, muss ich schon etwas schmunzeln, die Aussagen sind vollkommen zutreffend und doch fast etwas arg pathetisch geraten. Das passt eigentlich nicht zu mir und ist auch nur die halbe Wahrheit. Ein Leben mit der launischen MS ist nicht schwarz-weiß gemalt, oft bestimmen Grautöne den Alltag. Wenn man am Boden liegt und richtig, ja, so richtig fertig und ohne Hoffnung darbt, sind die Motive primitiver, ein logisches Denken kaum möglich. Ich besitze zum Glück noch eine sofort wirksame Hilfe, meine mächtigste Waffe im Leben mit der MS.

Alle Interessierten sind herzlich eingeladen weiterzulesen,

- was mir im Leben mit der launischen MS am meisten hilft,
- wie ich gerade auch deswegen 10 Ironman finishen konnte,
- warum dafür vor 40 Jahren ein Basketballwurf hilfreich war,
- was überhaupt Beinschlagtraining ist,
- wieso man besser nicht um 100.000 Euro wetten sollte,
- warum Sport mit Spaß immer gewinnt,
- wann ein Einhorn bei einem Triathlon keine Einbildung ist,
- ob eine Alpenüberquerung oder der Haushalt forderner ist,
- auf welche Weise ein Normalbürger am effektivsten trainiert,
- welche zwei Worte die häufigste Lüge im Sport darstellen,
- wann die besten Ideen auch für den Beruf sprießen,
- wer in einer glücklichen Ehe das letzte Wort hat.

Ich wage nun ungeschönt, emotional, mitunter humorvoll meine in jeder Hinsicht atemberaubende Geschichte von Demut und Euphorie zu erzählen.

Euphorie, Blut und Schweiß
Karwendelmarsch, August 2016

Nicht nur ich finde es faszinierend eine Strecke, länger als man sich es eigentlich vorstellen mag, aus eigener Kraft zu bewältigen. Gepflanzt wurde der Gedanke über mehrere berufliche sowie private Umwege, doch das Ziel stand fest: ein Marsch oder wahlweise Lauf über 52 Km sowie rund 2300 Höhenmeter rauf und runter quer durch das Karwendelgebirge von Scharnitz nach Pertisau.

Meine Frau Petra, mein Herzblatt, startet mit meiner Nichte Fabienne und einer befreundeten Wandergruppe, mich schickt sie vornweg. Es ist klar, dass, falls wir zusammenbleiben sollten, es für mich schwer werden würde, in einem zeitlich knappen Finale bergab das Tempo zu halten. Hier merke ich die fehlende Feinkoordination durch die Einschränkungen meiner MS am meisten. Ich ordne mich demnach direkt hinter die ca. 1000 Läufer am vorderen Ende der folgenden 1500 Marschierer ein, weil ich zumindest die ersten noch relativ flachen Kilometer traben möchte. Das Wetter verführt zum Träumen: keine Wolke, Sonne satt, das Bergpanorama ist gigantisch. Ich überhole immer wieder, gerate ins Schwärmen. Ein ganz besonderes Gefühl der Freiheit. Auf einmal ist es aus. Ich bekomme gar nicht recht mit, wie es passiert, aber plötzlich falle ich nach vorne auf starkem Schotterboden, schlittere noch kurz auf dem Bauch weiter und bleibe benommen liegen. Ab und an gefällt es wohl meiner MS, mir heimtückisch ein Bein zu stellen. Es reicht dann mitunter schon eine ungewohnte Last auf dem Rücken, wie der leichte Laufrucksack, um mich aus dem Gleichgewicht zu bringen. 39 Km und die meisten Höhenmeter sind noch zu bewältigen. Ich rede mir ein: „Fallen ist keine Schande. Liegenbleiben schon." Langsam rappele ich mich hoch. Ich sehe verboten aus, meine ehemals weiße Windjacke ist völlig verdreckt mit Staub und Blut. Meine Hände und Knie bremsten wohl am meisten, Ellenbogen, Hüfte und Arme den Rest. Gebrochen habe ich mir nichts, die Knie sind wohl etwas geprellt. Das ist eine deutliche Lehre. „Genieße dein Glück, es kann so schnell vorbei sein." Wenigstens hatte ich mir entgegen meiner Gewohnheit ein kleines Pflasterband mit genommen. Ungeschickt zerreiße ich es in mehrere Streifen, bedecke damit die schlimmsten Wunden. Ob ich dabei offene Stellen zuklebe, ist mir erst einmal egal. Ende der Euphorie. Jetzt gehe ich mit den Laufstöcken, so kann ich mich notfalls auf ihnen abstützen. Manche Mitläufer sprechen mich an, fragen, ob es schlimm sei. Ich antworte: „Mein Stolz ist verletzt, Rest passt schon." Es wird steil, ich setze das freigewordene Adrenalin in Vortrieb um. Keuchen, Keuchen, Schieben. In mir erwacht der Trotz. Ich akzeptiere die Lektion, doch darf sie keine billige Ausrede sein, das Streben aufzugeben. Wenn das Laufen heute nicht mehr passt, klappt flottes Gehen, und meine Zeit ist sogar noch im Rahmen.

Es wird wärmer, ich trinke viel, tauche bei jeder Gelegenheit meine Mütze in eiskaltes Brunnenwasser, das hilft mir über die glühenden Hügel. Nach rund 4,5 Stunden und zwei herben Anstiegen erreiche ich die Falkenhütte, ab jetzt wird es für mich persönlich kritisch. Auf rutschendem Schotter kann ich schon lange nicht mehr laufen, unsicher wackle ich bergab, während andere locker flockig an mir vorbeirennen. Je steiler der Weg hinab führt, desto mehr werden es. Es ist schon frustrierend, wenn man so häufig überholt wird. Da der Pfad jetzt sehr schmal und eng ist, lasse ich die Flotten immer wieder vorbei, indem ich kurz zur Seite trete. Trotz meiner ganzen Vorsicht bin ich mehrmals knapp vor dem Hinfallen oder Umknicken, aber meine Stöcke retten mich. Die Lust verglüht in demselben Maße, wie sich jetzt in den heißdampfenden Socken mehr und mehr Blasen melden. Nach rund 6 Stunden und 35 Km erreiche ich das erste Ziel in der Eng. Hier dürfte man, wie Fabienne, planmäßig aufhören. Schnell passiere ich die Verpflegungsstelle, damit ich nicht auf dumme oder doch richtige (?) Gedanken komme und gehe weiter. Unser guter Bekannter, der zum fünften Mal den Marsch mitmacht, warnte vor dem folgenden Anstieg, knapp 800 Höhenmeter auf 5 Km. „Schaut auf keinen Fall nach oben, nehmt euch nur Kurve auf Kurve vor." Ich denke mir, bergauf schreckt mich doch nicht, sehe hinauf und erblasse. „Ach, du grüne Neune", murmele ich. Ich fühle mich Kreislauf- und Kräftemäßig fit, doch irgendwann mag ich nicht mehr. Ich hoffe auf die Scharte, denke an Herzblatt, die hier auch noch hoch muss. „Es geht nur noch bergab", ruft uns oben die Bergwacht zu. Ich verkneife mir ein „Das ist für mich schlimmer." Die ersten 200 Höhenmeter bergab laufe ich ohne Schotter ganz gut, dann wird es herb. Steil, rutschig, meine Hände hat es neben den geprellten Knien am Ärgsten erwischt. Die Pflaster lösen sich, ausgerechnet mit ihnen muss ich ja schon die ganze Zeit meine Gehhilfen festklammern. Ich denke gar nichts mehr, schalte ab, konzentriere mich auf den nächsten Schritt, jeden Höhenmeter bergab, weiter, immer weiter. Ein wackliges Holzbrett über einen Bach nehme ich mit Anlauf, schwanke rüber, die Hoffnung steigt. Irgendwann ist der heikelste Abstieg geschafft. Jetzt sind es „nur" noch 9 Kilometer auf vermutlich breiten, leicht abfallenden Wegen, gefühlt fast eine Autobahn. Der Körper will aber nicht mehr. Ich blicke auf die Uhr, rechne hoch. Mein Traumziel unter 10 Stunden ist sogar noch machbar. Ich trabe jetzt mit schwingenden Stöcken, gehe zwischendurch, reiße andere mit, wie auch ich mich mitreißen lasse. Die Zuversicht wächst mit der Nähe des Ziels. Schmerzfrei geht bei mir wohl nicht mehr. Egal – Hauptsache, es geht noch. Das zählt. Der Kampfgeist erwacht. Ich nehme mir Zwischenziele vor, einen Kilometer laufen, dann bleibe ich unter 9:40 Stunden, steigere mich in einen kleinen Rausch, die Euphorie kehrt zurück. Ich überhole, sammle andere Läufer ein, erreiche Pertisau, überquere Straßen, Autos warten, Passanten jubeln, ich fliege (natürlich nur innerlich gefühlt) ins Ziel, hoch zufrieden in 9:27 Std. Auch Herzblatt finisht später erfolgreich. Wir haben es wieder einmal geschafft, gemeinsam.

Aufgeben wird aufgegeben
09.01.2013 Daheim

Meine Beine fühlen sich seltsam an, die Koordination fällt mir schwer, als ob ich zu viel gebechert hätte. Auf der Treppe muss ich mich am Geländer festhalten. Was ist das denn? Ich muss doch zur Arbeit, meine Frau ist schon unterwegs. Das Fahrradfahren in die Firma wird heikel, ich halte auf der kurzen Strecke nur mit großer Mühe mein Gleichgewicht. Im Büro geht es mir immer schlechter. Mann, kriege ich gerade Kopfschmerzen. Meine linke Gesichtshälfte wird ganz pelzig. Geht doch nicht, ich hab doch heute so viel vor. Mir wird übel. Herz? Schlaganfall? Doch nicht ich! Doch! Ich stehe auf. Schwanke total, alles dreht sich, Kopf hämmert, links im Gesicht taub. Ich bin völlig fertig, mag nur noch meine Ruhe.

Zusammenreißen! Rufe unseren Notfallhelfer, lege mich mitten im Büro gezielt flach auf den Boden. Sanitäter kommt, wir fahren ins Krankenhaus. Ab diesem Moment fängt es langsam an, sich zu bessern. Ich habe mir meine Situation eingestanden.

Im Krankenhaus in den Rollstuhl, recht schnell in die Röhre zum MRT, hier drin bessert es sich trotz der beklemmenden Enge und den lauten Klopfgeräuschen, ich darf einfach nur liegen. Der Arzt spricht später etwas von Entzündungsherden, nötiger Einweisung in die Uniklinik. Ich kann nicht ganz folgen, habe weder Geld, Papiere, noch Essen. Ich benachrichtige meine Eltern, lasse meiner Frau Bescheid geben. In der Uniklinik spricht der Arzt am Empfang bei Betrachtung der MRT-Bilder ohne Vorwarnung: „Ah, Sie haben MS." Was ist MS? Eine schreckliche Krankheit! Aber was verursacht sie? Was sind die Auswirkungen? Ist sie heilbar? Ich habe keine Ahnung. Gibt es in dem Triathlon-Forum, bei dem ich mitlese, nicht eine junge Frau mit MS, aber auch viel Sport und Lebensfreude? Sie absolvierte doch ein Langstreckenschwimmen und eine Alpenüberquerung. Bedeutet die MS also doch nicht das Ende? Erst einmal bin ich einfach nur erleichtert, mein Kopf schmerzt nicht mehr, eine akute Gefahr besteht nicht. Gehen, wenn auch eingeschränkt, kann ich wieder, das pelzige Gefühl ist zweitrangig.

War ich anfangs frustriert, dass der heutige Feierabendsport ausfallen muss, bin ich nach langer Wartezeit froh über einen Zwieback und eine Tasse Tee. Die Prioritäten können sich schnell ändern. Die nächsten Tage werde ich genauer untersucht. Bei der Lumbalpunktion wird mit einer dünnen Hohlnadel aus dem Rückenmark Nervenflüssigkeit entnommen, die Leitgeschwindigkeit von verschiedenen Nervensystemen wird gemessen. Am Ende bestätigt sich der Verdacht, ich habe MS. Wie geht es weiter? Laut den Ärzten darf ich weiterhin Sport treiben, dies wäre auf jeden Fall hilfreich. Alles andere würde sich nicht vorhersagen lassen. Darf ich noch träumen? Ein letztes Mal die Challenge Roth mit 3,8 km Schwimmen, 180 km Radfahren und 42,2 km Laufen finishen? Über Gebühr riskieren will ich nichts, es gibt auch so genug Schönes, aber was wäre der Mensch ohne ein herausforderndes Ziel? Immerhin habe ich den Vorteil, dass ich durch das wichtige mehrjährige Ausdauertraining über eine sehr gute Grundlagenausdauer verfüge. Den Kopf in den Sand zu stecken, ist nicht meine Art. Ich frage im Triathlon-Forum, ob Sportler bekannt sind, die trotz MS einen Ironman finishten. Die Reaktionen und die Anteilnahme sind überwältigend. Ich höre zwar nur von einer einzigen jungen Frau, die mittlerweile in Südafrika lebt, dass sie trotz MS zwei Langdistanzen finishte, aber genau das stachelt mich an: warum sollte ich es nicht auch schaffen? Ich habe wieder ein reizvolles Ziel, übe in den nächsten Tagen das Gehen und vorsichtiges Treppensteigen in den langen Krankenhausfluren. Ein erster Schritt ist getan.

Aufgeben wird aufgegeben.

MS, die Krankheit der 1000 Gesichter

Ich möchte erst betonen, dass alles, was ich in diesem Buch anführe, nur meine ganz persönliche Sicht und Meinung darstellt, vielleicht nicht immer ganz korrekt ausgedrückt ist und andere Sichtweisen sicherlich auch möglich sind. Jeder muss seinen Weg selbst gehen und verantworten.

Die Multiple Sklerose, auch MS genannt, ist eine chronisch entzündliche, nicht ansteckende Erkrankung des zentralen Nervensystems. Bei Betroffenen werden durch das eigene Immunsystem Teile der Nervenfasern zerstört, die an der Weiterleitung von Impulsen beteiligt sind, aber auch Nervenfasern und -zellen selbst. Als Folge können Lähmungserscheinungen auftreten, Muskeln nicht mehr richtig koordiniert oder Sinnessignale nicht korrekt weitergegeben werden (zum Beispiel entstehen Koordinationsstörungen wie Stolpern, Geh- oder Sehschwäche, Spastiken, d.h. erhöhte Muskelanspannungen). Die ersten MS-Anzeichen treten meist im Alter von 20 bis 40 Jahren auf. Weltweit leiden ca. 2 Millionen Menschen an Multipler Sklerose, in Deutschland etwa 120.000 - 150.000. Erstaunlicherweise hat sich die Anzahl der Neuerkrankungen in den letzten Jahren nahezu verdoppelt. Ob dies an der längeren Lebenserwartung oder an besseren Diagnosemöglichkeiten liegt, ist nicht geklärt. Die jährlichen Kosten für die Behandlung aller europäischen Patienten mit MS werden auf rund 15,5 Milliarden Euro geschätzt. Den größten Anteil daran haben die Frühverrentung und krankheitsbedingte Arbeitsausfälle. Die Medikamente liegen bei ca. 13% der Gesamtkosten. Die Krankheit ist nach heutigem Stand nicht heilbar, ihre genaue Ursache nicht bekannt.

Multiple Sklerose verläuft nicht einheitlich. In den meisten Fällen meldet sich die Krankheit in Schüben. Sie bricht dann mit den entsprechenden Symptomen aus, die sich anschließend oft zurückbilden, bis ein neuer Schub einsetzt. Viele Betroffene können so noch längere Zeit nach außen hin ein relativ normales Leben führen. Es besteht allerdings permanent die Gefahr einer weiteren Verschlechterung durch neu auftretende Entzündungsherde. Tendenziell verringert sich mit jedem Schub die Chance, die Funktionsfähigkeit wieder weitgehend zu normalisieren. Die MS schreitet so unaufhörlich voran. Das ist leider bei den meisten der Betroffenen der Fall. Rund 30 bis 40 Prozent der Patienten müssen sich damit abfinden, dass nach einer gewissen Zeit die Krankheit immer schlimmer wird. Therapeutisch wird in erster Linie versucht, bei den Patienten die Erkrankungsaktivität zu kontrollieren und damit den Verlauf zu bremsen sowie die Symptome zu lindern. Bei nur wenigen Betroffenen gibt es von Anfang an keine Schübe; die Krankheit verschlimmert sich dann allerdings fortlaufend. Weil der Verlauf der MS nicht berechenbar ist, ist die nervliche Belastung der Kranken und ihrer Angehörigen zusätzlich sehr hoch.

Zu Beginn plagen besonders die versteckten Beeinträchtigungen. Aufgrund des „Uhthoff- Phänomens" verschlechtern sich z.B. die Auswirkungen der MS bei Hitze deutlich. Etwa 80 Prozent der MS-Patienten sind im Laufe ihrer Erkrankung davon betroffen. Häufig betrifft das unangenehme „Uhthoff-Phänomen" die Sehfähigkeit. Die neurologischen Ausfälle treten bei erhöhter Körpertemperatur auf, weil die elektrischen Prozesse bei Wärme schneller ablaufen als bei kälteren Temperaturen. Es kommt dadurch zudem häufiger zu Symptomen wie Zittern und Spastik, aber vor allem auch „Fatigue". Reduziert sich die Temperatur wieder auf ein Normalmaß, regulieren sich auch die Symptome.

Die „Fatigue", simpel ausgedrückt, ist eine enorme Erschöpfung, auch geistig und mental, sie betrifft ebenfalls rund 80% der MS-Patienten. Gerade dies stößt bei Außenstehenden oft auf Unverständnis, da man den Betroffenen die Krankheit mit ihren Auswirkungen körperlich nicht unbedingt ansieht.

Behandlung

Hier gibt es 3 verschiedene Anwendungsziele: beim Schub, Verlauf oder bei den Symptomen.

Die Behandlung eines akuten Schubs basiert meist auf der hochdosierten Gabe von Cortison. Aufgrund der Nebenwirkungen wird dies zeitlich begrenzt durchgeführt. Das Medikament steht auch auf der Dopingliste, d.h. es ist im Wettkampfsport verboten und schädlich. Bei medizinischem Bedarf ist eine Ausnahmegenehmigung bei der Nationalen Antidoping Agentur Deutschlands (NADA) zu beantragen, obgleich man in dieser Zeit kaum in der Lage sein dürfte, einen Wettkampf zu bestreiten. Bei anderen Medikamenten sollte man allerdings sehr achtsam aufpassen; selbst Hustensäfte können verbotene Stoffe beinhalten.

Zu den Aufgaben des Immunsystems zählt, eindringende Krankheitskeime abzuwehren. Dazu muss es fähig sein, zwischen „fremd" und „körpereigen" zu unterscheiden. Bei der MS gelingt ihm dies jedoch nicht. Das Immunsystem hält die Nervenzellenhülle für fremd und greift diese an. Vereinfacht ausgedrückt, verhindern deswegen Medikamente wie Interferone die Aktivierung bestimmter Entzündungszellen (Immunmodulation) und sollen so den Verlauf beeinflussen. Bei einer Immunsuppression wird das Immunsystem unterdrückt. Dies ist sehr gefährlich und wird nur bei einem stark fortgeschrittenen Verlauf empfohlen. Die Nebenwirkungen können u.a. grippeähnliche Beschwerden, in schweren Fällen PML (Hirnentzündung) mit teils tödlichem Ausgang sein.

Als risikofreie Behandlungsmethoden zur Linderung der Symptome gelten Sport mit Spaß, ausreichend Vitamin D, ein vernünftiges Stressmanagement und eine angepasste Ernährung.

Kranksein ist für Andere
Sportliche Vorgeschichte

Schach

Ich war zwar immer an aktiver Bewegung interessiert, besaß aber beim Sport wesentlich mehr Lust als Talent. Einzig als ich Schach von meinem großen Bruder Peter lernte und später durch Freunde zum Mosbacher Schachverein kam, durfte ich im Laufe der Zeit sogar überregional überraschend viele tolle Erfolge genießen. Auch das Spielen ohne Brett, d.h. ohne die Figurenaufstellungen zu sehen, fiel mir leicht. Ich konnte so manche Wette gegen Freunde gewinnen oder einmal im Rahmen eines Sporttags der Stadt gleichzeitig „blind" gegen mehrere Herausforderer antreten und siegen. 1996 bekam ich, als einer der ersten überhaupt in unserer Region, den FIDE-Meister Titel verliehen. Schach gilt oft nicht als echter Sport, da die äußerlich sichtbare Bewegung minimal ist. Ich kann allerdings aus Erfahrung bestätigen, dass Turnierschach mit tickender Uhr und maximalem Erfolgsdruck den Puls in extreme Höhen treiben kann. Man darf es nicht mit einer lockeren Partie daheim vergleichen. Ähnlich dürfte der Vergleich zwischen einem fröhlichen Federballspiel in der Familie und leistungsorientiertem Badminton ausfallen. Ich erinnere mich noch heute gerne an die fantastische Zeit und den unvergleichlichen Zusammenhalt unseres Teams, dem MSC. Ein Mannschaftsspiel zu verpassen, war für mich lange Zeit völlig undenkbar. Leider merkte ich nach über 25 Jahren, dass mich die Denkduelle mittlerweile nervlich zu arg belasteten. Die Tage danach war ich in der Firma in ähnlicher Weise gefordert, mir fehlte einfach der mentale Ausgleich, auch wenn es nur 9 Sonntage im Jahr waren. Schweren Herzens erklärte ich 2012 meinen mindestens vorläufigen Rücktritt vom Wettkampfschach, nichtsahnend, dass sich kurz danach die MS als Wurzel des Übels entpuppen würde.

Von Garfield zum Gleichgewicht

Mit 34 Jahren fühlte ich mich wie die Comicfigur, fett, faul und lustlos. Die Gesundheit muckte auch immer öfter, ohne dass ich wirkliche Fehlzeiten gehabt hätte. Wochenlange schwere Erkältungen - ohne Geduld, sie einmal richtig auszukurieren, gipfelten letztlich in starken Gleichgewichtsstörungen. Mir war dauernd schwindlig, irgendwann so arg, dass ich mich nicht mehr traute, Auto zu fahren. Ich wurde von den Ärzten intensiv durchgecheckt, aber etwas Greifbares fanden sie zunächst nicht. Vermutet wurde übermäßiger Stress als Auslöser. 12 Jahre später, mit der MS Diagnose, vermutete meine hauptsächlich betreuende Ärztin, dass ich möglicherweise damals bereits unter MS litt. Leider existieren aus dieser Zeit keine ärztlichen Unterlagen mehr. Im Nachhinein war es mein Glück. Mit einem früheren MS Befund hätte ich kaum den Weg eingeschlagen, der es mir ermöglichen sollte, so viele Träume zu erfüllen.

Ich fing an zu laufen.

Laufen

Als Anfänger kann man viel falsch machen. Typische Fehler sind zu Beginn noch hochmotiviert zu schnell los zu hetzen. Mit rasendem Puls und hochrotem Kopf vergeht bald die Lust. Zum Glück vermied ich wenigstens diese Fehler, trabte nur so schnell und so weit, wie es Spaß machte. So nach und nach konnte ich die Streckenlänge steigern. Wir haben das große Glück, in einer wunderbaren Landschaft wohnen zu dürfen. Einsame ausgedehnte Waldgebiete mit freien Flächen, Natur pur. Ich fand faszinierend, welche Welt sich hinter dem damals üblichen Bewegungsradius von einem Kilometer auftat. Allein diese Entdeckungsmöglichkeiten, neue Wege zu finden, fand ich äußerst spannend und inspirierend. Wenige Wochen nach meinem ersten Lauf ins neue Leben waren die nervenden Gleichgewichtsstörungen wie von Zauberhand verschwunden.

2 Jahre später wagte ich mich in Heilbronn an meine Premiere über die Marathondistanz und bezahlte 4:20 Stunden lang Lehrgeld. Herzblatt lernte dabei erstmals, dass man meiner Aussage im Ziel „Nie wieder" grundsätzlich nicht glauben darf.

Mein Training wurde zielgerichteter. Damals galt für mich: „Wer schneller im Ziel ist, ist eher beim Kuchen." Früher war alles leichter, auch ich. Trotz des fast täglichen Kuchenkonsums sank mein Gewicht bis zur Schwiegermutter-Alarmstufe „Kriegt der Bub denn nichts zu essen", und meine Marathonzeiten näherten sich der magischen 3 Stunden Marke. Doch ich merkte, dass das Gleichgewicht nicht mehr passte. „Sportfasten" stand für mich nicht zur Debatte, aber das, was ursprünglich als mentaler Ausgleich gedacht war, drohte jetzt in persönlichen Ehrgeiz auszuarten. „Ich darf mich nicht von der Uhr knechten lassen", schlussfolgerte ich und verzichtete freiwillig darauf, meine bis dahin konstanten Zeitverbesserungen im Marathon fortzusetzen. 2006 war mit 3:09 Std. in Karlsruhe Schluss. „Das Pferd springt nicht höher als es muss", sagt man. Der klügere alte Esel verweigert lieber gleich den Sprung, wenn er den Sinn nicht versteht. In einem Übergangsjahr mit dem Thüringer Rennsteiglauf über 73,9 km und rund 1800 Höhenmetern trainierte ich nebenbei für meinen ersten Triathlon. Das Wunderbare am Sport mit Spaß ist, dass ich mich spätestens hinterher zu 99% besser fühle. Ein gutes Gefühl ist unabhängig von der Uhr oder einem Ergebnis.

Triathlon

Wie der Zufall so wollte, fuhren wir im Urlaub 2003 statt samstags erst am Sonntag zur Landesgartenschau nach Roth, genau am Wettkampftag der legendären Challenge Roth. Im Rückblick bin ich heilfroh über diese Wendung und meinem ältesten Sohn Patrick sehr dankbar für die Verschiebung. Sonst hätte ich wohl viele einzigartige Momente verpasst. Seit 2002 firmiert Roth trotz gleichgebliebener Strecke über 3,8 km Schwimmen, 180 km Radfahren und 42,2 km Laufen aufgrund von Differenzen mit dem Rechteinhaber IRONMAN unter der neuen Marke „Challenge". Wir waren baff erstaunt über die gigantischen Massen an Zuschauern, die grandiose Stimmung, konnten ein episches Finale zwischen Lothar Leder und Chris McCormack erleben, als beide nach über 8 Stunden um den Sieg sprinteten. 3 Sekunden entschieden für den Deutschen, krass. Andere Altersklassenathleten gingen um die Zeit erst auf die lange Laufstrecke und mussten noch einen Marathon absolvieren. „Völlig verrückt", dachte ich. „Bei der Hitze. Unvorstellbar. Unmöglich. Ich habe nur ein ganz normales Stadtfahrrad mit 3 Gängen. Wie schnell bin ich damit? 15 oder 20 Km/h? Da wäre ich ja schon beim Radeln den ganzen Tag unterwegs. Und vorher noch schwimmen? Es ist doch sicherlich sehr kalt und dreckig in so einem Kanal. Das ist nichts für mich, absolut nicht." Der Keim war aber gepflanzt. Allein die fiktive Überlegung, ob es doch möglich sein könnte, reizte mich, lenkte mich von echten Sorgen ab. Nach diversen Recherchen begriff ich, dass beim Schwimmen Neoprenanzüge helfen, das Radeln mit Rennrädern deutlich schneller sein kann, und Marathonerfahrung besaß ich inzwischen reichlich. Der Wunsch reifte: „Einmal in meinem Leben möchte ich einen IRONMAN finishen."

2007 kaufte ich mir ein Rennrad und versuchte auch, mir selber das Kraulen beizubringen. Ich lernte zweimal schmerzhaft, dass man sich bei Klickpedalen nicht auf die noch eingeklickte Seite lehnen sollte, überstand ansonsten unbeschadet die ersten ängstlichen Ausfahrten auf der Straße. 3 Wochen nach dem Rennsteigmarathon war es soweit. Die olympische Distanz im Kraichgau über 1,5 km Schwimmen im Hardtsee, hügelige 40 km Radfahren durch den Kraichgau und 10 km Laufen stand auf meinem Programm. Ohne Neoprenanzug, aber mit Krämpfen in den Waden, verlief das Schwimmen chaotisch, bis ich letztlich glücklich finishte. Weitere 5 Wochen danach wagte ich mich an die verkürzte Mitteldistanz in Erlangen. Natürlich stellte sich dies als eine Schnapsidee heraus und war viel zu früh für mich. Ich bezahlte ordentlich Lehrgeld, sammelte aber reichlich wertvolle Erfahrungen.

IRONMAN Frankfurt 2008

Die Geschichte des IRONMAN begann 1978 auf Hawaii. Mehrere Freunde wollten herausfinden, wer der fitteste Sportler wäre und kombinierten die drei herausforderndsten Wettbewerbe der Pazifikinsel zu einem einzigen Rennen über die Distanz von 3,86 km Schwimmen, 180 km Radfahren und 42,195 km Laufen. „Whoever finishes first, we'll call him the Iron Man", meinte der Initiator Commander John Collins. Übersetzt: „Wer auch immer zuerst ins Ziel kommt - wir werden ihn Eisenmann nennen." Der Mythos des vielleicht härtesten Ausdauerwettkampfs der Welt entwickelte sich vor allem in den folgenden Jahren, etwa 1982, als die führende Julie Moss kurz vor der Ziellinie wegen Dehydration kollabierte. Sie wurde überholt, krabbelte aber trotzdem auf allen vieren ins Ziel. Die dramatischen Bilder, als sie den sicher geglaubten Sieg verlor, gingen um die ganze Welt. Das Desaster wurde zum Sinnbild einer Sportart, die die Menschen mehr als andere an ihre Grenzen zwingt und manchmal auch darüber hinaus, schrieb die damalige Presse. 1997 wurde die Tragödie sogar noch durch „The crawl", das Krabbeln, getoppt. Unter diesem Begriff sorgte ein weiterer hochemotionaler Kampf auf der Zielgerade für Aufsehen. Sian Welch lieferte sich mit Wendy Ingraham einen packenden Zweikampf um Rang vier. Beide torkelten völlig erschöpft und sanken dehydriert immer wieder in die Knie, bis Ingraham realisierte, dass sie auf allen Vieren schneller im Ziel ist. Sian Welch krabbelte ihr hinterher und wurde Fünfte.

Bei den Männern prägte besonders das als „Ironwar" bekannt gewordene Duell zwischen Mark Allen und dem 6-maligen Sieger Dave Scott. Beide Sportler lieferten sich 8 Stunden lang Seite an Seite ein hochspannendes Duell um den Sieg, bis Mark Allen kurz vor dem Ende couragiert beschleunigte und erstmals auf Hawaii triumphieren konnte. Der Begriff „Ironman" wird allgemeinsprachlich mittlerweile für alle gleichlangen Wettkämpfe verwendet, auch wenn die formell richtige Bezeichnung „Langdistanz" lauten müsste, falls der Wettkampf nicht von der World Triathlon Corporation(WTC), dem Markeninhaber IRONMAN veranstaltet wird.

Im Jahre 2008 stellte ich mir die aufregende Frage, ob auch ich zu einem Eisenmann werden könne - mit der „Taufe" bei den „Game of Sports", dem Ironman Germany in Frankfurt. Die erste Vorrausetzung für einen künftigen IRONMAN ist, am „längsten Tag des Jahres" früh aufstehen zu können. Da die wenigsten vor einem Wettkampf aufgrund der Anspannung schlafen können, ist dies kein großes Hindernis. *Die wettkampfspezifischen Einzelheiten zu schildern, spare ich mir für die spätere Zeit mit MS auf.* Als ich meine besonders kritischen Disziplinen, das Schwimmen im Langener Waldsee und das Radfahren durch die hügelige Wetterau überstand, vollführte ich gleich zu Beginn der Laufstrecke einige Freudesprünge in dem verführerischen Glauben, es jetzt geschafft zu haben. „Den Marathon werde ich schon ins Ziel bringen", war ich mir sicher. Nun, so einfach wurde es natürlich nicht. Laufen nach einer langen, harten Radeinheit ähnelt mehr einem wackeligen Eiertanz. „Doch wenn nichts mehr geht, geht gehen." Der Spruch galt schon damals. Ich finishte am Römer unter dem frenetischen Jubel der Zuschauer und hörte im Ziel die legendären Worte: „You are an IRONMAN."

„Einmal und nie wieder." Oder doch eher: Einmal und nie wieder so. Das nächste Mal vermeide ich die Fehler, dann wird es besser. Der Glaube stirbt zuletzt. Aber es ist halt auch einfach spannend, immer wieder nach Verbesserungen zu streben. Da der Familienrat nichts dagegen hatte, absolvierte ich 2009 abermals Frankfurt und gönnte mir 2010 neben einem Zeitfahrrad erstmalig die Challenge Roth. Damals ahnte ich noch nicht, dass der Ort in Franken mein zukünftiger Jungbrunnen werden würde. 2011 war beim Laufen direkt über uns ein heftiges Gewitter. Ich hätte mich fast selbst irgendwo geschützt untergestellt, die durchnässten Zeitmessmatten fielen teilweise aus, doch die fantastischen Helfer ließen uns nicht allein. Nur ein Beispiel von unzähligen für die herzerwärmende Freundlichkeit und den unvergleichlichen Rückhalt der Region für den Triathlon. 2012 versäumte ich, meine bisherige Bestzeit von 11:20 Std. zu unterbieten. An der Halbmarathonmarke bremste mich extremes Seitenstechen aus. Es wurde einfach nicht besser. Zum Glück fand ich Leidensgenossen, die mit mir ins Ziel wanderten.

Es waren 12 weitgehend sorgenfreie Jahre. Mit jedem neuen Erfolg stieg der Glaube an die eigene Unverwüstlichkeit. Damals kokettierte ich damit, dass ich 12 Mal meinen 35-sten Geburtstag feiern würde. Doch auf Sonnenschein folgt bekanntlich Regen, jede gute Zeit endet auch einmal. Es ist möglich, dass die MS bereits unbemerkt im Hintergrund agierte. Egal, es dauerte nicht mehr lange, da zeigte sie sich.

Wiedereinstieg und die 100.000 Euro Wette
Januar 2013

Aus dem Krankenhaus entlassen, konnte ich mich daheim wesentlich besser erholen. Während ich erste kleinere Wanderungen unternahm, studierte ich nebenbei fleißig, was MS bedeutet, was man selbst dagegen unternehmen kann. Bei den medizinischen Maßnahmen, die meist eine möglichst schnelle medikamentöse Behandlung dringend nahe legten, merkte ich überrascht, dass sich die ärztliche Empfehlung und manche Erfahrung aus dem echten Leben teilweise widersprachen. Ich begann zu hinterfragen, war aber zumindest heilfroh, als Rückversicherung notfalls auf Medikamente ausweichen zu können. Sie wirken wohl bei vielen, leider nicht bei allen. MS ist nach heutigem Wissensstand unheilbar und ihr Verlauf nicht vorhersagbar. Spätestens, als ich auf eine Studie der Hamburger Uni aus dem Jahre 2008 (s.u.) stieß, bei der die Erfolgschance einer Behandlung auf den individuellen Menschen runter gebrochen wurde, tendierte ich immer mehr zu einem praktischeren Ansatz – einer stufenweisen Eskalation der Behandlung.

C. Heesen, S. Köpke, J. Kasper, T. Richter, M. Beier, I. Mühlhauser: Immuntherapien der Multiplen Sklerose, Hamburg 2008

Es gibt gewisse statistische Erfolgschancen der Medikation, die aber eben auf den Einzelfall bezogen ganz anders aussehen können. Als Beispiel würde kein Befürworter einer bestimmten Therapie 100.000 Euro garantieren, dass bei Anwendung seiner Arznei der Patient in den nächsten 2 Jahren schubfrei bleibt. Auch würde keiner wetten, dass ein MS-Betroffener ohne Therapie in den nächsten 2 Jahren sicher einen Schub erleiden würde.

Zuerst musste ich aber noch verdauen, dass ich mit mehr als einem Dutzend Endzündungsherden im Gehirn und Rückenmark doch nicht unbedingt zu den erhofft eher gut verlaufenden Fällen zählte. Die „Eisbergthese", wonach sich die Herde unbemerkt im Untergrund entwickeln können, empfand ich niederschmetternd. Ebenso wenig prickelnd war die Gefahr, dass die Krankheit sich oft unaufhaltsam weiter verschlechtern kann. Judith, die junge Frau aus dem Forum mit MS, riet mir von vorneherein ab, zu lange in den gängigen MS-Foren zu lesen. Hier würden sich hauptsächlich die Betroffenen mit unglücklicher verlaufenden Fällen austauschen. Dies könnte sehr deprimierend enden. Für kurze Zeit war es für mich trotzdem nötig, um auch aus leidgeprüfter Praxis Erfahrungen sammeln zu können. Als ich dabei einmal las, dass sich eine mutige Betroffene als gut verlaufendes Beispiel schilderte und anführte, dass es anderen viel schlechter ginge, sich am Ende aber herausstellte, dass sie selbst im Rollstuhl saß, musste ich doch arg schlucken. „Eine tapfere Lebenseinstellung der Frau, aber nicht gerade rosige Aussichten", dachte ich nachdenklich.

Ich wollte in einer ersten noch harmlosen Behandlungsstufe versuchen, zum einen den übermäßigen Stress zu reduzieren, soweit es meine Pflichten zuließen. Zum anderen wurde angepasster Sport mit Spaß von nahezu allen Experten als positiv empfohlen. Dies freute mich schon einmal sehr. Bei der ergänzenden Ernährung gab es, wie fast überall, unzählige „Glaubensrichtungen". Tendenziell übereinstimmend sollte man Lebensmittel mit viel Archidonsäure, wie Schweinshaxen vermeiden. Ein Vitamin D-Mangel galt ebenfalls als mögliche Ursache. Meine hauptverantwortliche Ärztin aus der Uniklinik meinte, dass ich mit dem Beginn der Medikation warten könne. Sie vermutete, dass mich die MS bei einem Dutzend Entzündungsherden unbemerkt wohl schon länger begleitete. Dafür würde neben einem möglichen Indikator, dem Pfeifferschen Drüsenfieber, das ich Ende der Schulzeit durchmachte und meinen bereits erwähnten Gleichgewichtsstörungen zur Jahrtausendwende auch ein Zusammenbruch im Herbst 2008 sprechen. Damals lernte ich, dass man sich bei drohender Kreislaufschwäche möglichst schnell hinlegen sollte. Eine kleine, kaum sichtbare „Harry-Potter-Narbe" erinnert mich heute noch daran. Sobald sich im MRT-Bild neue Entzündungsherde zeigen, könnte ich immer noch anfangen, meinte die kompetente Ärztin. Dies fand ich für mich sinnvoller, als die allgemein vorherrschende Meinung, möglichst schnell mit dem Spritzen zu beginnen. Dann könnte mir keiner sicher sagen, ob ein eventueller Erfolg an den harten Medikamenten mit teils herben Nebenwirkungen oder an etwas Anderem lag. Ich müsste mich ein Leben lang mit allen Nachteilen spritzen. Dass ich es mir aber nicht aus eventueller Bequemlichkeit oder Angst vor der Nadel zu einfach machte, versprach ich mir selbst, erst nach dem nächsten Schub wieder Alkohol zu trinken oder Chips zu essen. Letztlich sah ich darin auch ein kleines erstes Trostpflaster, wenn es einmal so weit sein sollte. Ich wollte mich nicht passiv den eventuellen Wirkungen eines Medikaments überlassen, sondern wollte selbst aktiv gegen, aber auch *mit* der Krankheit leben. Mit der Unsicherheit, dass das tolle Leben von heute auf morgen vorbei sein kann, muss ebenso der Gesündeste rechnen. Ein Autounfall, ein übler Infekt, ein Absturz beim Fensterputzen, ein Stolpern an der falschen Stelle. Lebensrisiko sozusagen. Geändert hatte sich lediglich die Wahrscheinlichkeit, aber diese sagt nichts über das Einzelschicksal aus.

Trainingsbeginn

Relativ schnell fing ich an, in der Firma im Hintergrund stundenweise auszuhelfen. So hatte ich keinen Stress oder Druck, konnte trotzdem unterstützen und sicherte mir einen reibungslosen Wiedereinstieg. Das Schwimmen klappte dank der Rücksichtnahme unseres Trainers und der kameradschaftlichen Vereinsgruppe relativ gut. Ich vermied weitgehend irgendeinen Druck und kraulte im Grundlagenbereich nebenher. Das Laufen musste ich hingegen erst wieder richtig lernen. Gehen war kein Problem, aber beim Joggen stimmte die Koordination meines rechten Beines in den Feinheiten irgendwie nicht mehr. Anfangs schleifte ich meine Füße immer mal wieder zu knapp über den Boden, später hatte ich dies im Griff, stampfte dann aber etwas zu sehr. Dann versuchte ich, möglichst locker zu laufen mit dem lästigen Nebeneffekt, dass mich Achillessehnenschmerzen immer wieder plagten. Irgendwann spannte ich meine Muskeln vor dem Auftreten bewusst leicht an und es klappte gleich wesentlich besser. Das Patschen verfolgt mich bis heute, ist aber im normalen Alltag vernachlässigbar. Versuchte ich mich etwas flotter zu drehen, wurde mir übel, eine Rollwende beim Kraulschwimmen war überhaupt nicht möglich, da wurde mir ganz schlecht. Früher beherrschte ich sie auch nicht, also dies war nicht schlimm. Radfahren konnte ich bald wieder, lediglich die sogenannte „Aerohaltung", d.h. auf dem Zeitfahrlenker liegend dem Gegenwind weniger Angriffsfläche zu bieten, war für mich kaum noch machbar, ebenso enges Kurvenfahren. Vorsicht geboten war auch bei heißen Temperaturen, Energiemangel und ungewohnt schnellem Tempo, z.B. bei den ersten Ausfahrten mit dem Zeitfahrrad. Mitunter musste ich mich dann konzentrieren, um keine Doppelbilder zu sehen. Meine Reflexe hatten sich noch nicht an das neue, flottere Tempo gewöhnt. Zum Glück passierte mir dies sehr selten.

Unter Stress spannte ich oft meine Muskeln dauerhaft an. Dies zu vermeiden, fällt mir heute noch schwer. Ich scherze dann: „Indirektes Krafttraining." Nervlich habe ich im Vergleich zu früher, wohl durch die „Fatigue", doch erhebliche Einschränkungen. Ich halte mein gewohnt anspruchsvolles Leistungsniveau nur mit festen Regeln aufrecht: Ruhepausen, Feierabend sowie Wochenende, Sport mit Spaß, Zeit mit der lieben Familie und Freunden. Besonders einmal zwischendurch an nichts denken zu müssen und geistig abschalten zu können, ist dabei wichtig.

Lebenslänglich

Eifersucht

Ich muss gestehen, dass ich außer Herzblatt noch eine habe.
Eine, die mich nicht mehr loslassen will.
Die letzten Tage waren nicht leicht. Ich genieße ein richtig schönes
Wochenende mit Herzblatt, und die Andere zickt rum.
Ich bin ja selbst schuld. Ich habe ihr nicht genug Aufmerksamkeit
gewidmet. Sie fühlte sich vernachlässigt, ich fühlte mich getrieben,
während sie mir nach und nach die Energie entzog.
Wäre es ein Mann, wäre es mitunter leichter. Eine Flasche Bier, eine
Tüte Chips, ein Fußballspiel im TV und er gäbe Ruhe. Aber nein, nicht
*umsonst heißt es **die** MS und nicht der MS.*
Heute lief ich ziemlich genau einen Kilometer, am ersten kleinen
Hügel war der Ofen aus. Sie verweigerte die Leistung, wollte
ungeteilte Aufmerksamkeit.
Wir spazieren, träumen, halten inne, sind einsam im erblühenden
Wald. Der Wind frischt auf, verweht die dunklen Gedanken. Tempo
spielt wirklich keine Rolle. Zum ersten Mal seit Tagen kann ich wieder
klarer denken, genieße die Ruhe, freue mich. Manche betrachten ihr
Anhängsel als totalen Feind, den es bis zum letzten Blutstropfen zu
bekämpfen gilt. Ich sehe sie als eine Art Schicksalsgemeinschaft. In
vertauschten Rollen würde es mir auch nicht gerade gefallen, im
Körper eines nicht mehr ganz taufrischen Kerls zu stecken, der eine
andere anhimmelt und tagein tagaus immer wieder freudvoll
bewegend mir selten Ruhe gönnt.
Sie hat es wirklich nicht leicht mit mir. Also machen wir das Beste
draus.

Ich sehe meine MS in erster Linie nicht als Gegnerin, ich akzeptiere sie als Partnerin, aber eben gleichberechtigt, nicht mir übergeordnet. Es hilft nicht, Energie an Situationen zu verschwenden, die man nicht ändern kann. Besser ist zu versuchen, das Positive herauszustellen. Und dies gibt es erstaunlich oft. Ich könnte die MS auch mit einem Rucksack vergleichen. Ich merke ihn immer wieder, mal vollgepackt, oft vernachlässigbar leer, mal wacklig nervend, oft abgelenkt nicht spürbar. Das Gewicht erinnert mich jedoch, so seltsam es klingen mag, auch an meine Chancen, eine Pause einzulegen und durch den Inhalt neue Kraft zu tanken. Da ich mich meist rechtzeitig auffangen kann, ist es für mich bisweilen sogar amüsant, dass ich gelegentlich auf einer Treppe stolpere, wenn ich mich nicht genug konzentriere. Mit dem ausgeschütteten Adrenalin spare ich mir den Kaffee.

Wenn man mich fragt, ob es mir gut geht, sage ich „Ja."
Wenn man mich fragt, ob ich gesund bin, sage ich etwas zögerlich meist auch „Ja." Ich stehe aber auch ganz offen zur Krankheit der 1000 Gesichter. Sie und ich sind jetzt vermutlich lebenslang ein Team. Krass ist, dass sich für manche Grenzen, die sich im Alltag schlossen, unzählige neue öffneten. Ich durfte mir so viele geheime Träume erfüllen, und auch außerhalb des Sports überwand ich plötzlich früher unüberwindbar scheinende Hürden. Letztlich lehrte mich die MS, nie zu früh das Streben nach dem Glück aufzugeben. Die Art der Beeinträchtigung oder die Höhe des Ziels ist dabei vollkommen zweitrangig. Die Hauptsache ist, sich das Träumen zu bewahren. In einem griffigen Satz: Sport ist Mord an der schlechten Laune. Geschichten, die das ausdrücken, möchte ich im Folgenden gerne erzählen und hoffe damit, auch anderen Mut zu machen.

Die Rampe
Rückblick, irgendwann vor der MS Diagnose

Wenige Kilometer entfernt, unscheinbar, verborgen, keine Schönheit, nicht bekannt, doch auf unwiderstehliche Art faszinierend und verlockend, ein besonders zum Ende hin extrem steiler, holpriger Weg: die Rampe.

Früher war ich stolz, wenn ich es schaffte, sie laufend zu bewältigen. Mit dem MTB ist dergleichen scheinbar unmöglich, aber für einen gefühlt Dauer-35-Jährigen ist gerade diese Chancenlosigkeit irgendwie auch anziehend. Die Anfahrt ist anfangs steil, aber asphaltiert gut fahrbar, die eigentliche Naturrampe startet nach einer scharfen extrem steilen Rechts-Links-Kurvenkombination und führt dann schnurgerade bergauf. Beim ersten, zweiten, dritten und vierten Mal scheiterte ich schon nach einem Meter, dann hatte ich endlich eine fahrbare Rinne gefunden. Nach vielen unzähligen Versuchen packte ich mitunter die „Mörderkurve", allein nach wenigen weiteren Metern ist „Ende Gelände", mein Vorderrad machte den Abflug. Also probierte ich, mein Gewicht nach vorne zu verlagern. So schnell konnte ich aber mit dem eingeklemmten Bauch den kleinsten Gang gar nicht treten - Finito. Ich erhöhte den Gang, und jetzt wurde es heikel mit der Kraft. Gelegentlich schaffte ich die Rampe zur Hälfte, dann verriss ich den Lenker auf irgendeiner Unebenheit. Ich erhöhte das Tempo, hierbei kam mir sogar meine schlechte Kraultechnik zugute, denn Atemnot war ich gewöhnt. Ich erreichte im dunkelroten Pulsbereich immerhin gelegentlich das obere Drittel des Weges, doch ganz am Ende wurde es nochmal steiler und holpriger. War die Rampe doch nicht zu bezwingen?

Ein Jahr später

Heute ist der Tag. Ich habe eine perfekte Ausdauergrundlage vom Training für die Challenge Roth, bin mental in Hochstimmung, da es morgen in den Sommerurlaub geht, das Wetter ist top.

Es muss natürlich von ganz unten sein, also viele Versuche habe ich nicht. Den ersten vermassele ich in der Kurve. Mist.

Der zweite endet ungefähr 20 Meter vor dem Ziel. Ist das Ding überhaupt fahrbar? Ich versuche, in dem steilen Gelände an der Abbruchstelle aufzusteigen. Ich erlebe schmerzhafte Erdanziehungs-Erfahrungen, aber gänzlich unerwartet klappt es doch, die letzten Meter sind tatsächlich zu schaffen. Jetzt gilt es nochmal: alles oder nichts, das Ganze am Stück. Ich nehme Anlauf von ganz unten, meistere die Kurve, gebe Vollgas, ignoriere die Atemnot, die brennenden Beine, nähere mich schwer keuchend der imaginären Ziellinie, nur noch drei Meter, zwei, einer, geschafft ... Nein, buchstäblich wenige Zentimeter vor dem Plateau verreiße ich den Lenker, aus.

Tief enttäuscht versuche ich zu Atem zu kommen, blicke ins Neckartal mit seinen Burgen, Wäldern und Dörfern, wunderbar. Ich lächle, freue mich auf den Urlaub. Habe ich verloren? Für mich ist die Antwort ein klares Nein. Ich hatte ein Ziel, durfte mit Freude kämpfen und lernen. Es war nicht wirklich notwendig, die Rampe zu bezwingen, es ist wichtig, mit der Unvollkommenheit leben zu können.

Mittlerweile sehe ich die Rampe als Symbol für die MS.

Erste Langdistanz mit MS
Challenge Roth 2013

Mein treuer Anhang und ich sind erstmals privat bei einer sehr
freundlichen Familie untergebracht, unsere mit Abstand bisher
komfortabelste Unterbringung. In Roth ist dies durchaus üblich, die
ganze Region steht hinter der Veranstaltung. 3400 Einzelteilnehmer
aus 60 Nationen und 1950 Staffeln (hier teilen sich je 3 Athleten die
drei Disziplinen) werden von 6000 freiwilligen Helfern betreut, von
ca. 260.000 begeisterten Zuschauern überwältigend angefeuert. 300
Polizeibeamte, 600 Feuerwehrleute und 390 Sanitäter achten auf den
gewohnt reibungslosen Ablauf der traditionellen Veranstaltung. In
den Tagen um den Wettkampf blickt die ganze Sportwelt nach
Franken, steht der ganze Landkreis auf den Beinen - unter dem
prägnanten Motto: „We are triathlon." Am Samstagmorgen hole ich
in Roth die Startunterlagen ab und schlendere kurz über die
Sportmesse. Schade, aber zum richtigen Stöbern bin ich zu nervös.
Herzblatt wird dies später in Ruhe schon noch nachholen. In einer
guten Ehe teilt man sich auch die Ausgaben. In der Unterkunft
angekommen, klebe ich die erhaltenen Nummern auf den
Radfahrhelm und befestige meine Startnummer an einem
Startnummernband. So spare ich mir die Sicherheitsnadeln und bin
während dem gesamten Rennen flexibler. Anschließend fahren wir
gemütlich einige Kilometer nach Heuberg. Auf der anderen Flussseite
sehen wir schon das Wettkampfgelände. Eine eigenartige Stimmung
erfasst mich. Ich bin wieder dabei. Das hätte ich in den letzten
Monaten kaum für möglich gehalten. Wir spazieren zum Eingang.
Dort wird von kompetenten Kampfrichtern der einwandfreie Zustand
meines Vehikels sowie meines Helms überprüft. Sicherheit ist
oberstes Gebot. Erst danach darf ich die Wechselzone betreten und
mein Gefährt in einem Radständer abstellen. Der jeweilige Bereich ist
mit den entsprechenden Nummernkreisen gekennzeichnet. Der Helm

bleibt mit geöffnetem Kinnriemen über die Nacht beim Rad. Den Laufbeutel muss man ebenfalls bereits an diesem Tag abgeben. Dabei etwas zu vergessen, wäre mehr als ärgerlich. Ich möchte morgen keine böse Überraschung erleben und keinesfalls ohne einen fehlenden Laufschuh dastehen. Sicherheitshalber überprüfe ich mehrmals den Inhalt, bevor ich ihn an aufmerksame Helfer weiterreiche. Mit einem LKW wird er später zusammen mit anderen Beuteln nach Roth transportiert und dort nach Nummern sortiert in der Wechselzone 2 abgelegt. Im Anschluss laufe ich alle Wege ab. Wohin muss ich nach dem Schwimmen? Wie laufe ich am besten vom Umkleidezelt zu meinem Rad? Welche markanten Hinweise gibt es dafür? Einen besonderen Baum o.ä.? Bei der Masse an Teilnehmern kann es sonst trotz der Nummerierung leicht unübersichtlich werden. Am Sonntagmorgen dürfen die Teilnehmer nochmals zu ihren Rädern. Ich prüfe den Luftdruck an meinen Reifen, pumpe etwas Luft nach, fülle die Radflaschen mit einem energiehaltigen Getränk, lege meine Utensilien (Radschuhe, Strümpfe, Trikot, Brille, Handtuch) am festgelegten Platz ab. Für das Anziehen des engen Neoprenanzugs rechne ich lieber ausreichend Zeit ein, anschließend gebe ich meine Alltagskleidung in einem After-Race-Beutel ab. Dieser wird nach Roth in den Zielbereich transportiert. Ab 6:30 Uhr starten alle 5 Minuten jeweils ca. 250 Teilnehmer. Ein Zeitmesschip sorgt dafür, dass sich keiner in eine falsche Gruppe schmuggeln kann. Irgendwann bin auch ich an der Reihe, begebe mich in den Main-Donau-Kanal. Der Startschuss ertönt. Ich lasse die andern vor und kraule ohne Druck hinterher. Nach 3,8 km Schwimmen klettere ich, hilfreich unterstützt, aus dem Kanal, schlendere zum Wechselzelt, ziehe mich um und steige anschließend auf mein Zeitfahrrad. Die Radstrecke über 180 km mit ca. 1400 Höhenmetern führt in 2 Runden durch das leicht hügelige Frankenland. In der Nacht zuvor säuberten Freiwillige extra die gesamte Radstrecke von Scherben und sonstigem Müll. Für mich ein sehr erfreuliche Aktion, denn Reifenpannen hasse ich. So sinkt die

Gefahr. Das Radeln kann ich genießen, später rolle ich über den weltberühmten Solarer Berg, bei dem die frenetischen Fans dicht an dicht stehen und für eine grandiose Stimmung wie bei der Tour de France sorgen. Ich kenne mich hier schon aus, aber als ich wieder die Wand aus Zuschauern sehe, denke ich nur: „Der Hammer." Ich bin ganz knapp davor, richtig sentimental zu werden. Nach mehr als 100 Kilometern fängt plötzlich mein linkes Knie an zu schmerzen, ich kann es nicht mehr richtig belasten und muss mit kleineren Gängen weiter rollen. Für die Mehrzahl der Teilnehmer sind es gute Bedingungen, für mich ist es fast zu warm. Die MS verträgt Hitze nur schlecht. Das Laufen klammere ich erst einmal ganz aus, für mich momentan unvorstellbar. Die Zeit vergeht, und irgendwann erreiche ich die zweite Wechselzone. „Umdrehen wäre auch doof", also fange ich an zu traben. Mein Plan ist, in Teilschritten zu denken, bis zur nächsten Verpflegungsstelle laufen, dann wieder zur nächsten und so weiter. Zum Glück sind sie im Abstand von lediglich ca. 2 Kilometern aufgebaut. Das ist überschaubarer als die gefühlt unendlich lange Marathonstrecke von 42,2 km. Ich lache bewusst freundlich ins Publikum und genieße die persönlichen Anfeuerungen, lasse mich feiern. Nebenbei halte ich auch Ausschau nach unserem UNICEF-Schild, das neben anderen Motivationsplakaten für eine kleine Spende entlang der Strecke platziert wurde:
Multiple **S**klerose
Meine **S**orgen
Mindert **S**port
Mit **S**paß
Bei KM 20 lege ich die erste längere Gehstrecke ein, da ich weiß, dass meine Familie irgendwo bei KM 21 steht und ich vorher wieder laufbereit sein will. Der Plan klappt, die Schmerzen sind aber noch da, nehmen sogar zu. Erleichtert, allerdings keineswegs entspannt, erlebe ich den Moment, in dem mir klar wird, dass ich ab jetzt auch mit Walken innerhalb des Zeitlimits von 15 Stunden das Ziel

erreichen kann. Ich trabe trotzdem weiter, gehe zwischendurch, trabe dann wieder, wobei sich das Tempo der Gangarten nur noch unwesentlich unterscheidet. Nach über 13 Stunden überquere ich endlich die Ziellinie. So langsam wie noch nie, aber auch so unglaublich stolz wie noch nie. Im Verpflegungszelt treffe ich Carolin, eine liebe Bekannte, setze ich mich schnell auf eine Bank, lasse mich von Arne Dyck bedienen, dem Moderator des Forums „triathlon-szene.de". Sinnvoller wäre es, langsam gehend den Kreislauf zu beruhigen. Aber ich bin platt, bekomme auch keinen Bissen der Verpflegung runter. Das Gefühl kenne ich gar nicht. Was ist los? Vielleicht hilft etwas Bewegung? Ich stehe auf, gehe einige Schritte, aber bei der stickigen Luft mit den dichtgedrängten Massen komme ich nicht weit. Zum Glück kenne ich inzwischen die Vorzeichen und bin gerade dabei, mich bewusst auf den Boden zu legen, da bin ich auch schon weg, ohnmächtig. Als ich wieder aufblicke, ist ein freundlicher Notarzt zur Stelle, der mich etwas trinken lässt. Da ich nicht aufstehen kann, nehme ich den Service in Anspruch, den ich mir insgeheim abschnittsweise schon für die Laufstrecke gewünscht hätte. Ich werde mit der Trage ins Sani-Zelt abtransportiert. Dabei müssen mich die Helfer ermahnen, nicht so freundlich zu schauen, es würde sonst keiner verstehen. Im abgetrennten Sanitätsbereich ist deutlich mehr Platz zur Verfügung. Ich darf mich auf einer Liege ausruhen und erhalte anschließend meine erste und bis heute einzige Infusion. Bald fühle ich mich wieder besser. Nur ist mittlerweile viel Zeit vergangen, Herzblatt macht sich bestimmt Sorgen. Eine nette Helferin bringt mir meinen After-Race-Beutel. Dieser enthält neben der Kleidung für die Zeit nach dem Rennen auch mein Handy. So kann ich Herzblatt Bescheid geben. Pünktlich zum stimmungsvollen Feuerwerk bin ich wieder fit. Wir genießen gemeinsam die prickelnde Atmosphäre und feuern die letzten Athleten an, die kurz vor Zeitschluss eintreffen. Die erste Langdistanz mit MS geschafft. Ein unvergessliches Erlebnis, das mir keiner mehr nehmen kann.

Das Leben ist ernst, Humor hilft

Ab und zu ist sie knallhart. In den letzten Tagen meinte ich im Schlafzimmer ihre Nörgelei unausgesprochen zu vernehmen: „Du bist aktuell recht schwer. Ich empfand dich schon als leichter. Geh, mach mal mehr Sport. Dann kannst Du wiederkommen." Upps, das saß. Und sie hat Recht. Ich will sie ja wirklich nicht vergraulen. Wenn ich dran denke, wie oft sie mich beglückte, vor allem, je weniger ich anhatte, desto verheißungsvoller wurde es. Also trainierte ich wieder regelmäßiger. Zweimal Athletik, dreimal laufen, lange Landschaftstouren mit dem MTB. Später geht es noch zum Schwimmen. Erfahrungsgemäß purzeln allein schon aufgrund meines Stils die Kalorien. Mal sehen, ob ich in den nächsten Tagen wieder zu ihr darf, meiner Waage.

Gewicht

Zwang und Hungern bringt aus meiner Sicht wenig. Der Körper sorgt sonst nur bei nächster Gelegenheit für Notzeiten vor. Besser finde ich bewusstes Essen zu möglichst regelmäßigen Zeiten mit einem guten Mix aus Geschmack und Kalorien (z.B. leckeren Rührkuchen statt allzu üppiger Sahnetorte). Essen ist für mich immer eine Belohnung und eine Ruhepause. Unter Stress schnell etwas runter zu schlingen, vermeide ich. Meine Saisonschwankungen reichen vom „Plätzchen-Endzeit-Gewicht" in der winterlichen Nebensaison bis hin zu den waagefreundlicheren Wettkampfkilos. Allerdings achte ich darauf, dass sich alles nur innerhalb gewisser Grenzen abspielt. Als Triathlet mit mehr Muskeln am Oberkörper und an den Armen darf man sich nicht mit teils sehr schlanken Läufern vergleichen. Letztlich empfiehlt sich für jeden ein individuelles Wohlfühlgewicht. Weder zu viel, noch im Hinblick auf die Krankheitsanfälligkeit zu wenig.

Wer nicht hören will, muss rosten
Kandel Marathon 2014

Kann ich trotz MS noch 42,2 km am Stück flott laufen? Früher war es nach entsprechender Vorbereitung und Formaufbau machbar, doch jetzt betrete ich Neuland. Das Training in den vergangenen Wochen klappte mal mehr, mal weniger, also ganz im üblichen Rahmen. Nur auf Tempoläufe verzichtete ich gänzlich, hier war mir der eventuelle Stressfaktor im Hinblick auf die MS zu heikel.

Der Kandelmarathon in der Nähe von Karlsruhe findet immer am zweiten Märzwochenende statt. Es ist eine flache und sehr schnelle Strecke, die in weiten Teilen durch den idyllischen Bienwald führt. Die Wetterbedingungen sind langfristig schwer vorhersagbar, ich bin früher auch schon bei eisigen Temperaturen und mit Schneeresten gelaufen.

Heute war allerdings ein sonnig warmer Tag vorhergesagt. Die ersten 8 Km lief ich in ziemlich exakten 5:40 Minuten pro Kilometer, musste allerdings mehrmals aufgrund der vielen Läufer und kleinen Hindernissen unverhofft zur Seite ausweichen. Plötzlich blockiert meine linke Wadenmuskulatur. Ich stoppe sofort. So heftig empfand ich einen Krampf noch nie. Ist es eine Zerrung? Muss ich aufgeben? Mein erstes DNF („Did Not Finish" oder nach meiner Version: „Darf Nicht Feiern") droht. Ich massiere die Wade, humpele vorsichtig weiter, es schmerzt, aber ich komme voran. Soll ich auf den Halbmarathon umschwenken? Bis zur Weiche bei Kilometer 12 ist es möglich. Ein Läufer neben mir meint: „Das wird bei dir heute nichts mehr." Da hat er wohl recht, nur wo ist mein Herzblatt? Wie kann ich Ihr Bescheid geben? Die Marathonweiche kommt, mein Herz siegt über meinen Verstand, ich trabe weiter, 100 m später sehe ich meine Frau. Jetzt könnte ich zum Abzweig zurücklaufen. Es sind ja nur 100 Meter. Ich bin aus Baden, aber die Nähe zu den im Volksmund als

besonders sparsam geltenden Schwaben lässt sich nicht leugnen. Auch ich schenke keine 200 m her. Obwohl ich genau weiß, dass ich dies bitterlich bereuen werde, kann ich nicht anders. Irgendwie glimmt immer ein Fünkchen Hoffnung. Ich trabe geradeaus weiter. Die Realität hat mich bald eingeholt. Es wird hart, ich bin langsam, es schmerzt und ist noch so weit. Ich versuche mich gedanklich abzulenken, mich an früheren glanzvolleren Läufen zu ergötzen, wie sonst im Training in Gedanken zu schwelgen, doch es gelingt mir nur ein Mantra: „Du Idiot, noch so weit. Du Idiot, noch so weit."
Es wird immer wärmer, der geöffnete Ausschnitt meines Trikots immer gewagter, aber die Wildkatze im Bienwald ist eh scheu, und auch sonst ist es sehr einsam. Ganz, ganz weit weg sehe ich auf einer ewig langen Geraden etwas Rot-Weißes ganz, ganz langsam näherkommen. „Klasse, nicht schneller als ich", denke ich. Unverdrossen kämpfe ich, nähere mich Schritt für Schritt, bis ich das Verkehrsschild passiere. Später lässt mich eine euphorische jugendliche Helfertruppe durch ein La-Ola-Spalier laufen. Vermutlich denken sie, wenn der umkippt, können wir ihn so am besten auffangen. Entweder gibt es in der Pfalz schlechte Optiker oder stark beschäftigte Pfarrer, jedenfalls höre ich immer wieder: „Super, du siehst gut aus." Ok, es gibt auch die eine oder andere, die sich dabei das Grinsen kaum verkneifen kann. Ich finde: Kandel ist eine super Veranstaltung, sehr zu empfehlen, nur die letzten zwei Kilometer sind ein Skandal. Ich bin doch kein Hindernisläufer. Da liegen Erdbollen, mindestens riesige 5 cm groß, unfassbar...

Wenn nichts mehr hilft, ist Humor der letzte Strohhalm. Irgendwann hat alles ein Ende, so auch dieses Drama. Die Zeit ist mir völlig schnuppe, Hauptsache, ich bin im Ziel.

Die gerötete und schmerzende linke Wade offenbarte später tatsächlich eine Zerrung und färbte sich in den folgenden Tagen rotbraun. Man hätte sagen können: „Der alte Kerl hat angefangen zu rosten." Ich war anfangs peinlich berührt ob der Unvernunft, es hätte muskulär schon böse enden können, eine echte Ausfallzeit hatte ich zum Glück keine, selbst Schwimmen und MTB fahren war möglich, nach zwei Wochen auch wieder Laufen.

Mittlerweile bin ich froh, mich in Kandel durchgekämpft zu haben. Zuerst war ich schon erschrocken, warum ich partout nicht aufgeben wollte, obwohl das Ziel relativ unwichtig und die Auswirkungen auf die MS unsicher war. Zudem wusste ich insgeheim, dass es mehr als ein normaler Krampf war und es sehr hart werden würde. Andererseits: wehret den Anfängen, das Leben an sich ist hart und man sollte nicht schon bei Kleinigkeiten aufgeben, solange noch Hoffnung besteht. Wenn man einmal der trügerischen Versuchung nachgibt, fällt dies beim nächsten Mal schon leichter - und daran möchte ich mich gar erst nicht gewöhnen. Diese Einstellung ist für mich besonders in Bezug auf die MS ein wichtiger Leitfaden.

Selbst wenn ich zwischendurch einmal zweifeln sollte, begreife ich spätestens im Ziel das „Warum". Ich finde, immer normal zu sein, ist nicht normal. Querdenken, nicht alles in Stein gemeißelt zu betrachten, hilft mir. Warum sollte ich nicht auch mit MS meinen Spaß im Leben oder an Wettkämpfen haben dürfen? Einen Marathon mit MS zu laufen, ist jedenfalls nicht verboten, ein Wagnis aber allemal. Und das Wagnis reizt mich.

Ein Wechselbad der Gefühle
Challenge Roth 2014

Ab Freitag fing ich an zu grübeln. „Diese Hitze, wahrscheinlich Gewitter, MS, letztes Jahr im Ziel auf der Trage, die Wochen zuvor lasches Radtraining, Langeweile. Wie blöd kann man denn sein? Ist es noch möglich auszuchecken? Höre ich nach dem Schwimmen auf?" Am Samstag hatte mich die Hitze schier umgehauen. Schnell war ich wieder in der kühlen Wohnung unserer Gastgeberfamilie, ruhte, las, schwätzte. Erst um 21 Uhr traute ich mich nochmals vor die Tür, um einen kleinen Spaziergang zu unternehmen. Ich ordnete meine Gedanken, relativierte meine Ziele: „Ich will möglichst lange Spaß haben, vergesse jegliche Zeitvorgabe, will nur durchkommen." Nachts schlief ich erstaunlich gut. Das ist ein Vorteil der MS: sie besteht wirklich auf ihre Ruhepausen.

Beim Start quatschte ich noch mit Markus, einem liebgewonnen Freund aus dem Forum, bis es Zeit wurde, mich in den engen Neo zu zwängen. Das Schwimmen war sehr locker, nur außergewöhnlich warm. Später beim Radeln rollte ich gemächlich los, irgendwie wollte ich mich nicht anstrengen. Da kam es mir gerade recht, dass mich auf dem Weg nach Greding immer wieder Gruppen überholten. Für mich war dies eine perfekte Ausrede, um noch langsamer zu fahren. Ich wollte mir keinen Stress machen, um immer wieder genau auf den vorgeschriebenen 12 m Abstand zum Vordermann achten zu müssen oder gar in der Gruppe festzuhängen. Einzig den Kalvarienberg hoch konnte ich mich traditionell nicht ganz so zurückhalten. Dies war für mich immer der schönste Streckenabschnitt. Bergab wendete sich das Blatt. Allerdings fühlte ich mich unterwegs in meiner vorsichtigen Fahrweise bestätigt. In der ersten Kurve lag ein Sportler mit dick verbunden Arm, Notarzt und Krankenwagen daneben. Überhaupt war es Wahnsinn, wie oft Sirenengeheul ertönte, Sportler oder Sportlerinnen sich in den Schatten setzten und einfach aufgaben.

Mir war ebenfalls furchtbar heiß. Ich trank so viel wie noch nie und balancierte trotzdem gefährlich nah an einer Dehydrierung, zu wenig Flüssigkeit im Körper. Irgendwann öffnete ich das Radtrikot ganz weit, um meinen Körper durch den Fahrtwind zu kühlen. Dass dies aerodynamisch wenig sinnvoll war, war in diesem Moment egal. Meine rechte Fußsohle muckte in der zweiten Runde und drohte zu krampfen. Zum Glück hatte ich weder Tacho noch Uhr dabei. Sonst hätte mich meine Zwischenzeit sicherlich frustriert. So war ich nur froh, mein Rad irgendwann abgeben zu können. Der zweite Wechsel war mit Toilettengang und abermaligem Eincremen gegen einen Sonnenbrand gut ausgefüllt. Ab jetzt trank ich, so oft es ging. Meine dickflüssigere Eigenversorgung würde ich erst bei km 4 erhalten. Allerdings kann es gefährlich sein, nur übermäßig Wasser zu trinken. Der Körper benötigt zusätzlich auch Mineralien und Salze. Bei einer Getränkestation schüttete eine gutmeinende Helferin mir eiskaltes Wasser über meinen Kopf. Sofort wurde mein Trikot nass, um den Bauch kalt und mein befürchtetes Seitenstechen begann prompt. Langsam trabte ich weiter, öffnete das feuchte Hemd und drückte meine warme Hand auf die linke Bauchhälfte. Herzblatt rief ich beim Vorbeilaufen noch zu, dass es heute lang werden könne. Zum Glück hörte das Seitenstechen später doch auf. Als Mann konnte ich mit offenem Ausschnitt weiterlaufen, bei Frauen wäre das wohl gewagt gewesen. Ich nahm mir vor, bis km 10 zu traben, hatte aber wenig Hoffnung. Es war so furchtbar heiß. An der Seite lag jemand auf einer Trage. Fast hätte ich gewünscht, mit ihm zu tauschen, zwiespältige Gefühle sorgten für Verwirrung. Ich nahm mir meine Krise. Später traf ich meinen Lieblingskontrahenten und guten Freund Dean, der für unsere Verhältnisse eine erstklassige Schwimm- und Radzeit vorlegte und jetzt bei den arg extremen Bedingungen einen bravourösen Kampfgeist bewies. Ich merkte, dass es vielen noch dreckiger ging als mir. „Dann kann man auch sagen: so schlecht kann es mir doch gar nicht gehen", munterte ich mich auf. Ich lief weiter, immer mit dem Ziel, noch 1-2 Km, dann gehen. Kurz nach dem zweiten Treffen mit Herzblatt an der Lände fing es an zu donnern und zu regnen und damit auch abzukühlen. Meine ersehnte Rettung. Ich beschleunigte, sah als flotte Staffelläuferin Innez, meine netten Vereinskameraden, meine Gastgeberfamilie, saugte aus jedem Treffen neue Kraft, widerstand der Versuchung, bei Km 28 zur nahe gelegenen Wohnung abzubiegen. Die Füße ächzten, die Muskeln krampften, aber es lief wieder. Bald danach traf ich den fleißigen Cheforganisator Felix Walchshöfer, der heute selbst als Athlet unterwegs war und bedankte mich bei ihm für ein Jahr Vorfreude. Ich genoss, wie von ihm empfohlen, die letzten Kilometer und den emotionalen Zieleinlauf. Geschafft.

Ich war noch erstaunlich fit, ging diesmal bewusst erst einige Minuten, bevor ich mich mit leckeren Kuchen und Apfelschorle versorgte. Ich war heute nicht schnell, aber ich hatte auch meine zweite Langdistanz mit MS erfolgreich beendet. Krass ist, wie weit die Träume selbst mit hinderlichen Beeinträchtigungen tragen können. Man darf nur den Glauben nicht verlieren.

Rennfazit: die Ursachen von Seitenstechen sind selbst unter Experten umstritten. Meine persönliche Erfahrung ist, dass es fatal ist, nicht intensiv genug zu schnaufen. Ein nasses Trikot spielt vermutlich doch nur eine untergeordnete Rolle.

Die Ausfallquote mit 19 % war extrem hoch. Doch auch diese Zahlen drücken die Herausforderungen für ein Finish nur unvollständig aus. Um ein Jahr später in Roth die Ziellinie überschreiten zu dürfen, muss man als erstes zum Start. Und das heißt: die Anmeldung rechtzeitig schaffen. Dafür benötigt es einen flotten Computer, schnelle Finger beim Eintippen der persönlichen Daten, freie Zeit beim Startschuss der Online Anmeldung Punkt 10 Uhr und Glück. Nicht einmal eine Minute später ist das Rennen nämlich bereits ausgebucht. Vertippen ist also nicht erlaubt. Alternativ können sich maximal 1000 Athleten am Tag nach dem Rennen in die Warteschlange vor dem Anmeldezelt stellen. Dafür sollte man einige Stunden Zeit mitbringen. Die ersten richten sich ihren Warteplatz sogar schon in der Nacht ein. Zum Glück unterstützt mich Herzblatt hier ebenfalls sehr tatkräftig. Meist kann man mit den Anwesenden nett plaudern, während Renndirektor Felix zusammen mit anderen freiwilligen und immer freundlichen Helfern Getränke und Essen verteilt. Hat man den persönlichen Anmeldecode eingelöst und die Startgebühr bezahlt, folgen weitere hohe Hürden. Es ist alles andere als selbstverständlich, das anspruchsvolle und zeitintensive Training ein Jahr lang durchziehen zu können. Viele Athleten müssen sich aufgrund von gesundheitlichen, beruflichen oder sozialen Problemen vorzeitig wieder abmelden. Die Veranstalter der großen Rennen rechnen damit und lassen deshalb eine gewisse Anzahl von Überbuchungen zu. Besonders heikel werden die Tage vor dem Wettkampf. Hier genügt schon eine starke Erkältung, um nicht starten zu können. Bei den extremen Belastungen könnte sogar ein Schnupfen zu einer lebensgefährlichen Herzmuskelentzündung führen. Manche verzichten allerdings auch freiwillig auf den Start, weil die Form nicht vorhanden ist, das vorhergesagte Wetter zu ungemütlich erscheint oder der Kopf einfach nicht will. Die genauen Zahlen sind mir nicht bekannt, aber ich schätze einfach, dass von den zahlreichen Willigen im Jahr zuvor letztlich nur jeder Vierte finisht. Das kann man wiederum auch positiv sehen. Vor dem Rennen bin ich meist von der Länge und dem Umfeld schier erschlagen und ganz kleinlaut. Es hilft mir dann rückblickend zu betrachten, was für ein langer Weg hinter mir liegt und wie viele Herausforderungen ich dafür bereits überwand. Dann ist das finale Rennen doch nur noch ein Tag mit Sport und Spaß unter Freunden oder eben das letzte Sahnehäubchen. Zur Not würde der Kuchen auch ohne schmecken.

Wer nicht schnell kann, sollte lange wollen
Challenge Roth 2015

Murphys Gesetz steht im Raum: Wenn irgendetwas schiefgehen kann, dann wird es schiefgehen. Bei einer nahezu perfekten Vorbereitung blieb nur das Rennen selbst. Zu diesem Zeitpunkt ahnte ich noch nicht, dass ich ein neues Motto kennenlernen sollte.
„Der Stolz vergeht, der Schmerz bleibt."
Ich war ja schon einiges gewöhnt, aber gefühlt war ich nie so lange und so intensiv nahe meiner individuellen Schmerztoleranz.
Doch der Reihe nach. Vor dem Start plauderte ich nett mit Markus und Andy, einem weiteren großartigen Kameraden. Bis dahin lief alles perfekt. Das Wasser war ungewöhnlich warm, die Benutzung der Neoprenanzüge vermutlich nur dank dem Einsatz der Schleusen erlaubt. Deren Öffnung ließ kühleres Nass in den Kanal fließen, so dass die Temperatur knapp innerhalb des erlaubten Bereichs lag. Beim Start fühlte ich mich allerdings beleidigt. Mein ältester, oft verwendeter Neo, durch die drohenden Verbotsankündigungen demotiviert, verweigerte ausgerechnet heute seinen Dienst und meinte zudem, sich in der Hüftgegend ein faustgroßes Loch gönnen zu müssen. Als ob ich zugenommen hätte! Beim Schwimmen ordnete ich mich nichtsdestotrotz optimistisch weiter vorne ein, da es die vorletzte Startgruppe mit den eher gemächlicher eingeschätzten Athleten war. Anfangs patschten mir andauernd Mitstreiter auf meine Füße, also war meine Beurteilung nicht völlig unrealistisch. Ärgerlich war aber, dass meine linke Schulter ziemlich schnell blockierte, eine schmerzfreie Bewegung war mir so nicht mehr möglich. „Verflixt", dachte ich. Irgendwann war das nasse Elend überstanden. Zum Glück erfuhr ich erst nach dem Rennen, dass ich mit 1:29 Stunden trotz versucht besonders hoher Intensität meine schlechteste Schwimmzeit überhaupt abgeliefert hatte. Dafür war das Radfahren genial. Zumindest bis zur Höhe des Kalvarienbergs,

dann dachte ich doch an die Warnung, dass Euphorie der größte Feind eines Langdistanztriathleten ist und nahm etwas Tempo raus. Vorher überholte ich aufrecht sitzend erstaunlich viele Athleten, die in Aeroposition fuhren, konnte diese Position zeitweise sogar selbst fahren, das machte Spaß. Mein Motto war ohnehin, das Positive raus zu kitzeln. Mein Durstgefühl wurde allerdings immer kritischer, meine sonstige Getränkemischung passte an diesem Tag nicht. Energie war zum Glück vorhanden. Später trank ich auch verstärkt reines Wasser, musste dies aber innerhalb der langen Verpflegungsstation erledigen. Neue Flasche aufnehmen, trinken, entsorgen, da meine Flasche mit Eigenverpflegung den einzigen freien Getränkehalter an meinem Rad blockierte. In der ersten Runde herrschten meist noch vernünftige Windverhältnisse, in Runde 2 glaubte ich zu stehen. Ich sah immer mehr Sportler, die sich am Straßenrand sitzend ausruhten oder sogar aufgaben, sowie schon wieder einen Unfall bei einer Abfahrt. Da der Athlet bereits ärztlich versorgt wurde, fuhr ich weiter, hatte aber jetzt verständlicherweise keine Lust auf noch mehr Risiko. Bei Km 140 war bei mir der Ofen aus. Schmerzen in den Händen, Armen und Fußballen. Ich konnte weder beschwerdefrei treten noch mich auf das Rad stützen. Da half es mir auch nicht, dass dies heuer schon etliche Male im Training relativ problemlos geklappt hatte. Ich wurde immer langsamer und zudem unlustiger. Endlich in der Wechselzone angekommen, betreute mich eine charmante Helferin. Nach kurzer aufmunternder Plauderei über mein Motto: „Wer nicht schnell kann, sollte lange wollen" sowie über die MS trabte ich los, ausgerüstet mit beschwingenden Wünschen. Die linke Schulter schmerzte, der Bizeps schmerzte, die Hände schmerzten, die Fußballen schmerzten, die Beinmuskulatur war ein gefühlter Matsch, aber die fortan größte Herausforderung war das Duell Energiemangel contra Seitenstechen. Na großartig! Da ich mich papp satt fühlte und weiterhin extremen Durst hatte, zudem Salz ohne Ende ausschwitzte, nahm ich nur noch pures Wasser an den Verpflegungsstationen. In einer bestimmten

„Todeszone" ist vernünftiges Denken einfach nicht mehr möglich. Am Stimmungshöhepunkt an der „Lände" verzichtete ich auf mein Trinkfläschchen mit Pampe, ein klassisches Eigentor. Ein folgender Energiemangel war absehbar. Unser UNICEF Schild sah ich ebenso wie überraschend ein weiteres für meine Startnummer. Sowas motiviert! Auf der Laufstrecke am Kanal entlang konnte ich kaum die Beine heben; es lief äußerst langsam, aber immerhin lief es. Wie heißt es so schön, wenn es hochgradig kritisch wird: „Hintern zusammenkneifen." Da ist was Wahres dran. Die Po-Muskulatur übernahm also ab sofort die Hauptarbeit beim Vortrieb. Im Ortsteil Schwand wurde mir warm, mein Kreislauf wollte jetzt auch noch mitmischen. Früher war ich relativ hitzeunempfindlich, mit MS leider nicht mehr. Nicht gerade die optimale Voraussetzung für einen „Möchtegern-Triathleten". Die Stimmung an der Schleuse war dafür bombastisch, einer dieser besonderen sentimentalen Momente. Herzblatt hatte sich strategisch geschickt platziert und wartete wieder bei KM 21. Kann es für mich eine größere Motivation geben? Frisch gestärkt durch meine Eigenverpflegung, trabte ich weiter nach Eckersmühlen, meinem vorläufigen Endziel beim Laufen. Die Füße schmerzten bei jedem Auftreten. Urinstinkte kamen hoch und trieben mich vorwärts: Ärger, Überlebenswille, Jagdtrieb. Anderen schien es ähnlich schlecht zu gehen; Schildkröte überholt Schnecke. In Eckersmühlen steppte der Bär. Ich ließ die gigantische Atmosphäre auf mich einwirken, trank eine kalte, unverdünnte Cola, die meine müden Lebensgeister wiederbelebte. Später grüßte ich unsere liebenswürdige Homefamily an ihrem Schwämmestand und trabte weiter, Schritt für Schritt. Meine Gedanken kreisten: „Wie unfair. Wenn ich denjenigen finde, der die Kilometerschilder auf dem Rückweg in immer größeren Abständen aufgestellt hat!" Ich konnte nicht mehr, wollte gehen, schleichen, aufhören. Aber das war keine echte Option. Ich sah nicht nur den Wettkampf, sondern ein Symbol. Im Leben gibt es schließlich immer wieder Unangenehmes, will ich

dann auch kneifen? Aus Trotz lief ich sogar die steile Rampe vor Roth hoch, noch 3 Kilometer. Die Gedanken wirbelten: „Ist doch keine Strecke." Und dann wieder: „Nein, ist hart, so lang." Ich schnaufte wie eine alte Dampflok, war kurz davor, einen Urlaut zu brüllen. Weiter. Der Marktplatz kam in Reich- und Hörweite – was für ein Getöse, was für eine Ekstase! Jetzt glaubte ich an das Finish, klatschte unterwegs noch Carolin ab, saugte die Stimmung tief in mich auf, lief ins Stadion ein und erreichte den Zielbogen. Alle langjährigen Rothstarter wissen: auch nach dem Finish ist noch nicht alles vorbei. Ich bekam meine Medaille und ein Finishershirt, aber mein Kreislauf fing prompt an zu meutern, mit der MS mittlerweile fast üblich. Ich vermied lieber das überfüllte Zelt und versuchte, mich beim Gehen zu stabilisieren. Alle Versuche, später etwas zu trinken oder zu essen, scheiterten. Ging einfach nicht. Eigentlich schade, denn die leckeren Angebote hätten mich schon gereizt. Süßes und Saures, Suppe, Obst, Joghurt, Kuchen, belegte Brötchen, Nudeln und vieles mehr. Aus Erfahrung doch klug geworden, suchte ich diesmal rechtzeitig den Sanitätsbereich auf, warnte den Arzt vor, dass mein Kreislauf noch nicht völlig stabil ist. „Infusion möchte ich allerdings keine", meinte ich, „sondern nur unter Aufsicht etwas ausruhen". Eine bequeme Liege ist mir schon lieber als der Boden auf der staubigen Tribüne, zumal sich das dortige Aufstehen schon einmal als äußerst schwierig erwiesen hatte. Die Krampfgefahr ließ grüßen. Im Triathlon-Forum werden Infusionen kritisch diskutiert, falls sie nicht medizinisch begründet sind, sondern nur einer schnelleren Erholung dienen. Ich wollte jetzt für mich keine Ausnahme und verzichtete. Dank dem entspannten Ruhen erholte ich mich tatsächlich relativ schnell. Bevor Herzblatt Alarm geschlagen hätte, war ich wieder fit.
„Der Schmerz vergeht, der Stolz bleibt."

Das Loch im Neo verursachte ich wohl Tage zuvor durch zu langes Trocknen in der Sonne. Dann wird das Neopren spröde und rissig.

Nachdenklich

Ich sah heute in den Nachrichten, wie Fanatiker in Paris das Glück vieler Familien beendeten. Eigentlich sollte man durch die täglichen Gräuelmeldungen abgehärtet sein, aber dies war nochmal eine neue Dimension, so nah, so sinnlos, so wahllos. Ich hatte keine Lust auf Sport, raffte mich aber schließlich doch zum Radfahren auf. Trotz klarer Luft und schöner Landschaft wollten heute keine Glücksgefühle aufkommen. Immer wieder der Gedanke: was, wenn meine Familie betroffen wäre? Mir fiel es ungewohnt schwer, die Fassung zu bewahren. Die Strecke nervte mich zusätzlich - viel Schlamm, Schotter. Eigentlich so belanglos im Großen, doch wie geht es dort weiter? Ein Gegenschlag, neue Opfer, Märtyrer und immer so fort? Ich verliere meinen Glauben an die Menschheit, denke aber auch an kleine Kerzen wie die Solidarität in der Familie, unter Freunden. Nach 4 Stunden Fahrt überlege ich, was wohl wäre, wenn dies mein letzter Tag wäre. Was würde ich dann machen? Die Sau raus lassen, mich Betrinken? Gäbe es tränenreiche Abschiede oder Versöhnungen? Wahrscheinlich nichts von alledem. Ich will mit klaren Gedanken und guten Gewissem scheiden. Ich will nicht als letzte Erinnerung an liebe Personen Tränen vergießen, sondern gemeinsame schöne Erlebnisse mitnehmen. Versöhnen muss ich mich nicht, für mich ist es äußerst wichtig, in der Familie oder unter Freunden nie im Zorn oder Streit auseinander zu gehen. Man weiß schließlich nie, ob man sich noch einmal sieht. Ich würde eine Tour mit dem MTB drehen (oder laufen), in freudvollem Vergangenem schwelgen, zufrieden lesend etwas Gutes essen, mit Musik entspannen, angenehme Stunden im Familienkreis verbringen, etwas mit Freunden plaudern, chatten, mich abends an Herzblatt kuscheln und zufrieden ins Reich der Träume gleiten. Also genau das, was ich auch heute plane und - falls ich morgen wieder erwachen sollte - auch am nächsten und dem folgenden Tag (die notwendige Arbeit mal ausgeklammert).

Vertauschte Perspektiven

Ich bin sauer, so ein Mist. Es ist doch eigentlich gut gelaufen. Fast hätte ich ihn geschafft.
Nichts mehr im Forum schreiben, keine Aufmunterung, Roth schon schier abgesagt, kein Ziel, keine Hoffnung.
Aber nein, wofür habe ich mich monatelang bemüht?
Blöde, eklig honigsüße Gedanken an neue Ziele, stundenlanges ödes Rollen in der eiskalten Luft und er entgleitet mir. Noch dazu mitten im Dreck, meine schöne rote Haut.
Jetzt liegt er einfach in seinem Bett, hält seinen Mittagsschlaf, dazu dann auch noch mit so einem dämlich verzückten Grinsen im Gesicht, das kann nur Träume von Herzblatt oder diesem doofen fränkischen Ort bedeuten. Ich hasse Roth. In dieser Zeit verliere ich den Kontakt zu ihm. Zu oft jubiliert er dann mit dieser Dauerfröhlichen. Jaja, das Glas wäre halbvoll. Von wegen, stell mal einer in meiner Heimat ein halbvolles Glas Wasser hin. Das zischt nur einmal kurz.
Wenigstens war Roth für mich in den letzten beiden Jahren angenehm temperiert. Ihm lief dafür die Brühe, Hitze verträgt er nicht, toll, ein erstklassiger Nährboden für dunkle Gedanken und blöde Ideen. Fast hätte ich ihn tatsächlich noch zu Fall gebracht. Naja, noch ist nicht aller Nächte Morgen, ich lauere auf mein nächstes „Finale dahoam". Schreibt hier ja nichts, entsagt dem Sport, meidet den Spaß, denkt an meine Artgenossen, hört auf ihre Einflüsterungen: „Wir wollen doch nur quälen dürfen."

(Teufelchen, frustriert)

Gerade bei der MS ist es wichtig, sich schöne Ziele zu setzen, sich nicht von negativen Gedanken übermannen zu lassen, Durststrecken zu überstehen, nicht die Hoffnung zu verlieren.

Ich gestehe es: ich war verantwortlich,
- als er sich mit 8 Kilo mehr zum Laufen aufraffte,
- als er dem Marathon und seinem Zeitzwang (unter 3 Stunden)
entsagte und zum Triathlon wechselte,
- als er beim überraschend brutalen Schach pausierte,
- als er über den Sport viele neue liebe Bekannte kennenlernte,
- als er sich im Forum mit der Diagnose MS outete,
- als er den Kandelmarathon trotz Wadenzerrung entgegen aller
Vernunft weiterlief. Und so einen wichtigen inneren Sieg errang.

Typisch für ihn - er hat oft keine Ahnung, wer ihm gerade etwas
einflüstert: ich oder mein höllischer Kontrapart.
Sonst wäre er im sportlichen Anfangsjahr nicht mit dicken
Baumwollpullovern, vom Umfang her einem Sumoringer ähnelnd,
durch den Winter gehetzt. Natürlich mit der Folge, dass ich ihn
wochenlang pflegen musste. Eine ähnlich suboptimale Aktion war
nach wenigen Wochen Kraul im Hallenbad, gleich 3,8 Km am Stück
testen zu wollen. Sein Glück, dass das Bad solange offen hatte und
dass er danach eine Rinne zum Festhalten fand, krampfgeschüttelt.
Der Kerl ist so alt und lernt doch nicht aus. Irgendwie ist es aber auch
spannend.

(Engelchen, gut gelaunt)

Es gehört zu den Besonderheiten des Lebens, vorher nicht zu wissen,
welche Entscheidungen korrekt sind. Man kann nur ahnen, in welche
Richtung sie sich entwickeln, aber das Ergebnis nicht sicher wissen.
Dies gilt für viele Ereignisse. Ein scheinbares Unglück kann sich später
als Glück erweisen oder umgekehrt. Dies gilt sogar für meine üble
Diagnose mit MS. Es hätte mich aus heutiger Perspektive wesentlich
unangenehmer treffen können. Die Jahre mit MS waren bisher gar
nicht so schlimm wie anfangs befürchtet. Genauso könnte diese

aktuell noch optimistische Annahme schon am nächsten Tag hinfällig sein, der Rollstuhl warten. Dennoch wäre selbst dann der Ausgang weiterhin nicht klar erkennbar. Open End.

Ich bezeichne meine inneren Stimmen symbolisch als „Engelchen" und „Teufelchen". Nur weiß ich mitunter leider nicht, wer mir da etwas flüstert, ob sich eine Aktion zum Guten oder Bösen entfaltet. Über 25 Ehejahre prägen, also gehorche ich (meist ganz pragmatisch der Stimme, die mir gerade am besten passt).

Es ist mitunter auch gar nicht so leicht, die richtigen Ziele zu finden. Sie sollen anspruchsvoll sein, sollen mich fordern, dürfen aber nicht in Stress ausarten. Ein guter Maßstab ist, ob ich mich nach dem Training oder dem Wettkampf mental besser fühle oder nicht. Die wirkliche Größe des Ziels selbst ist dabei eher zweitranging.

Eigentlich hätte ich nach der Statistik alle 2 Jahre einen Schub erleiden müssen. Stand Ende 2019 sind schon fast 7 Jahre ohne Verschlechterung meines Krankheitsbildes vergangen. Einen besseren Verlauf kann man sich mit der unberechenbaren MS nicht wünschen. Ob es pures Glück war oder ob ich die MS durch meinen fortdauernden Sport mit Spaß so beschäftigte, dass sie zu platt war, um zu mucken, kann ich nicht sagen. Das ist mir letztlich auch egal. Nur, nicht umsonst gilt der Spruch: *„Never change a running system."* Aus diesem Grund habe ich mich auch für das folgende Jahr bei der Challenge Roth angemeldet, meinem gefühlten Jungbrunnen. Und selbst, wenn es doch nichts beeinflussen sollte: Sport mit Spaß ist eine faszinierende Ablenkung von den Belastungen des Alltags. Zu verlieren habe ich bei dem mitreißenden Weg folglich nichts.

Antizyklisch, Ab und Auf
Challenge Roth 2016

Von Februar bis Anfang Mai musste ich immer wieder lange
Laufpausen verkraften. Zu intensives winterliches Eiskratzen vor dem
Haus verursachte eine Bandscheibenblockade. Nach erfolgreicher
Einrenkung beschwerte sich fortan mein linkes Knie bei seitlichen
Bewegungen. Ab April steigerte ich auf 1-2 Stunden Laufen die
Woche, meist auf ebenem Asphalt mit kurzen, zielstrebigen Einheiten
im Langdistanztempo. Das Schöne am Triathlon ist, dass man die
Grundlagenausdauer schließlich auch auf dem Rad aufbauen kann.
Der Rest der Vorbereitung verlief mit den üblichen Höhen und Tiefen.
Demut vor dem Wettkampf, Zweifel an meinem Verstand, dass ich
mich überhaupt angemeldet hatte, aber ebenso die fast tägliche
Ablenkung von den zermürbenden Alltagssorgen durch Sport mit
Spaß und einem faszinierenden Ziel.

 Am Samstag des Wettkampfwochenendes klappten sowohl die Fahrt
als auch das Abholen der Startunterlagen ohne eine einzige Sekunde
Wartezeit. Sehr gut. Ein antizyklisches Verhalten bewährt sich fast
immer. Die meisten Athleten checkten bereits am umtriebigen
Freitag mit deutlich längerem Stau ein. Daheim schlafe ich immer
noch am besten, die zweistündige Fahrstrecke ist nicht so weit und
der frühmorgendliche Autoverkehr deutlich entspannter. Vor der
Radabgabe in Heuberg absolvierte ich noch eine kurze Proberunde,
um die Haltbarkeit meines Vorderrads zu testen. Ich ließ nur etwas
Luft aus den Reifen, da es nicht so heiß werden sollte. „Hätte, hätte,
Fahrradkette", werde ich nach dem Wettkampf denken.

Renntag, ein Albtraum wird wahr
Trotz kurzer Nacht wache ich am Sonntagmorgen relativ fit und
gutgelaunt auf. Ausnahmsweise später als bei mir Frühaufsteher
üblich, starten wir erst um 5:15 Uhr in Eckersmühlen bei unserer

herzlichen Gastgeberfamilie Richtung Heuberg. Bald stehen wir im Stop-and-go-Verkehr, noch nicht schlimm, einkalkuliert. Kurz vor der Ankunft werden wir allerdings ungewohnt auf einen entfernteren Parkplatz umgeleitet, wodurch weitere Zeit durch einen längeren Marsch verloren geht. Trotzdem sind wir immer noch im Zeitrahmen. Die Brücke runter zur Wechselzone kippt schlagartig meine bislang gute Stimmung, ein Albtraum wird wahr. Wenn ich träume, gibt es Sportarten, in denen ich unschlagbar bin, kurioserweise nicht unbedingt die, in denen ich tatsächlich gut bin. Träume ich vom Triathlon, schaffe ich es meist gar nicht erst an den Start. So überkommt mich jetzt ein unlogisches, aber tief verwurzeltes Déjà-Vu-Gefühl. Völlig dicht gedrängte Menschenmassen, kein Durchkommen, der Eingang ist kaum sichtbar. Logisches Denken ist mir im Moment nicht möglich, die trügerischen Traumerinnerungen sind zu stark verwurzelt. Ich atme mehrmals tief durch, erspähe eine Lücke, haste zum Eingang. Die Wechselbeutel kann ich gerade noch rechtzeitig abgeben, eile zum Rad. Ich pumpe das Vorderrad auf, klappt, will Hinterrad aufpumpen, klappt nicht. Ich lasse etwas Luft ab, weil vermutlich die vor über einem Jahr eingefüllte Dichtmilch immer noch wirkt und beim Transport die Ventilverlängerung verklebte. Ich achte ja sonst immer genau darauf, dass das Ventil oben ist. Pumpen geht nicht, ich lasse nochmals Luft raus, Pumpen klappt nicht, Luft nochmals raus, Pumpen chancenlos. Jetzt werde ich wirklich fuchtig, so ein Mist. Das gibt es doch nicht, meine Laune sinkt merklich. Nach einigen Versuchen gebe ich auf. Noch fühlt sich der Reifen gut gefüllt an. Ich konnte ja so viel nicht ablassen, 6-7 bar könnten es noch sein, vielleicht genügt es ja. Die Luftpumpe reiche ich an Herzblatt weiter, tanke wertvolle Kuss-Energie. Murphys Gesetz, dass immer irgendwas schiefgehen muss, habe ich jetzt hoffentlich schon erfüllt. Ich suche nochmal ein WC auf, creme die Achselhöhlen, Schritt und Brustwarzen mit einer Schutzcreme, den ganzen Körper mit LSF 50 Sonnenmilch ein. Dass etwas fehlte, sollte ich später merken. Ich verspeise 2 Energieriegel, ziehe den Neo an. Das Schwimmen hätte für mich so entspannt wie noch nie verlaufen können. Ich habe dank der neuen Bojen eine bessere Orientierung. Nur, ich hatte vergessen meinen Nacken mit dem Hautschutzmittel einzuschmieren, bald steht er gefühlt in Flammen, böse aufgerieben durch den Klettverschluss des Neos. Da hilft auch kein kaltes Wasser mehr. Nach dem Wechsel greife ich das Rad, holpere auf den wackeligen Schuhen mit den Cleats los, steige langsam auf, düse motiviert los. Keine 3 km weiter an der Schleuse übersehe ich ein Schlagloch, es kracht, mein Vorderrad ist abgesackt und schleift am Rahmen. Mein nächster begründeter Albtraum. Eine Panne im Rennen. Für viele ärgerlich, aber kein größeres Thema, bei mir blockieren unter Stress die Nerven, die MS lässt grüßen. Ich steige ab, löse den Schnellspanner, zentriere das Rad mit etwas Abstand, beim zweiten Versuch lässt es sich drehen, deutlich geerdet fahre ich weiter. Jetzt ist mir die Zeit schnuppe. Es geht ab sofort wirklich nur noch ums Ankommen, auch versteckte Zeiträume sind endgültig passé. Ich ignoriere ab sofort meine Uhr. Misstrauisch beäuge ich jede Bodenwelle, horchte intensiv, ob irgendetwas quietscht oder schleift. Kurz vor dem Treffpunkt mit Herzblatt auf dem Solarer Berg, bei dem ich neue flüssige und mentale Energie tankte, überholt mich Andy mit einer ganz starken Vorstellung auf dem Rad. Meine erhoffte voraussichtliche Endzeit sehe ich schwinden. Als kleines Trostpflaster will ich erstmals eine schnellere zweite Radhälfte angehen. Andy sehe ich nicht mehr, trotzdem läuft es auch bei mir mit dem jetzt günstig wehenden Wind erstaunlich gut. An der gefährlich holprigen Schleusenquerung bremse ich immer fast auf Schritttempo ab; das Vorderrad und auch der Rest halten zum Glück. Ich bin heilfroh, trotz anfangs kühlem Wetter keine Windjacke angezogen zu haben. Es wird nämlich immer heißer. Roth naht, ich fühle mich relativ fit. Beim zweiten Wechsel sehe ich auf meiner Armbanduhr, dass ich entgegen meiner Befürchtung doch nur 6:18 Stunden für das Radfahren benötigte. Natürlich ist dies objektiv nicht schnell, für mich aber überraschend gut, das hätte ich nach dem chaotischen Verlauf und dem leicht platten Hinterrad nicht annähernd erwartet.

Hochmotiviert starte ich zum Laufen, anfangs etwas zu flott, pendelt es sich auf einen Schnitt von 6 min/km ein. Wie zuvor schon beim Schwimmen und Radeln, teile ich mir die Strecke in mehrere Unterziele ein, sonst ist die gesamte Distanz einfach frustrierend lang. So klappt es gut, ich achte unterwegs auf permanente Energie und zugleich Kühlung. Beim Stimmungsnest in Schwanstetten werde ich bei hochmotivierender Rockmusik fast sentimental. „Ich laufe, ich lebe, ich bin." Im Zweier-Dampflok-Atemrhythmus gegen das Seitenstechen schnaufend, visualisiere ich das Ziel, lächle, auch wenn dies zunehmend in Schauspielkünste ausartet. Irgendwann bei KM 24 melden sich eine nervige Blutblase und mein rechter inzwischen blau gefärbter Zeh heftig. Mir fehlen die langen Trainingsläufe. Es wird zäh, das Tempo sinkt, aber ich laufe konstant durch, tanke immer wieder mentale Energie durch herzerfrischende Anfeuerungen oder Begegnungen, packe auch den kleinen Anstieg vor Roth laufend, verzichte im Stadion auf dumme Mätzchen wie einen Endspurt und finishe den Marathon in 4:21:59 Stunden, gesamt in 12:16:07 Std.

Das Geniale ist dabei nicht nur, dass ich meine letztjährige Zeit um ca. 36 Minuten verbessere - ich hatte bei einer Langdistanz noch nie meine bei der Anmeldung angegebene Zielzeit getroffen, selbst wenn ich sie noch so defensiv angab. Ich war immer langsamer. Für 2016 meldete ich mich aus Trotz mit 12:16:32 Std. bewusst optimistisch an, genau meinem Durchschnitt der vorherigen 8 Rennen. Die letzten Wettkämpfe mit MS lagen allerdings näher an der 13 Stunden Marke. Ungeachtet dessen war es ein Volltreffer.

Fazit: Abgerechnet wird zum Schluss. Oft läuft es lange gut, doch kann ein kleiner Fehler das Rennen jederzeit verderben. Mitunter funktioniert es umgekehrt. Ein anfangs verdorben scheinendes Rennen kann immer noch zu einem erfreulichen Finish führen.

Zweideutig

Ich bin die Neue.

Lange war ich vergeblich auf der Suche nach einem einsamen Herz. Dabei habe ich so viele Vorzüge, ich bin anhänglich, anspruchslos, widerspreche nicht, wiege schnuckelig leichte 61. Jetzt habe ich einen nicht mehr ganz so taufrischen Kerl mit manchen Flausen im Kopf, aber egal: ich konnte sofort seine inneren Werte erkennen, und den richtigen Weg werde ich ihm schon noch weisen. Schüchtern berühren wir uns erstmals, ich spüre seine nackte Haut, sein Herz pocht wahrnehmbar erwartungsvoll. Wir starten, er keucht schon nach kurzer Zeit, ich bewahre Ruhe, bis ich zitternd vibriere. Hüllenlos offenbare ich mich seinem Blick. Erstarrt, ob der schonungslosen Wahrheit über sein Tun, verharrt er kurz, doch dann breitet sich ein breites Grinsen in seinem Gesicht aus. Vermutlich versinkt er in künftige Träume, was für unzählige Freude ich ihm verheiße. Am Ende gebe ich ihm den Rat, sich für 48 Stunden zu erholen. Ich will ihn ja nicht überfordern. Zum netten Ausgleich beglückwünsche ich ihn zu neuen Rekorden; noch nie so lang, noch nie so schnell. Ich freue mich auf die nächsten Vergnügungen mitten in der freien Natur.

Eine **Pulsuhr** kann besonders am Anfang hilfreich sein. Sehr exakt, mit Vibrationsalarm nach einer bestimmten Distanz, Meldungen, wie viele Rekorde erzielt wurden, Tempo-, Herz- und Höhenmessung sowie empfohlener Erholungszeit. Mittlerweile laufe ich ohne Pulskontrolle, lediglich nach Gefühl. Sehr zufrieden bin ich immer noch, dass meine GPS-Uhr die Streckenlänge, Höhenmeter und das Tempo ermitteln kann. Dies bietet mir die Möglichkeiten, auch im Training eine genau gewünschte Entfernung zu absolvieren. Gewisse Ungenauigkeiten sind bei meinen Distanzen vernachlässigbar.

Verprügelt, versunken, vermisst
Mitteldistanz Challenge Heilbronn 2017

Es gibt unter den Triathleten ein Bonmot: „Irgendwas geht immer schief. Sei froh, wenn es möglichst bald passiert und es vergleichsweise harmlos ist." Manchmal scheint es sich allerdings in einer Endlosschleife abzuspielen.

So bei der Mitteldistanz Heilbronn. Die Strecke ist, wie der Name so schön beschreibt, nur halb so lang wie die volle Strecke, also in der Regel 1,9 km Schwimmen, 90 km Radfahren und 21,1 km Laufen. Ein Neoprenanzug muss, um seine wärmende Wirkung richtig entfalten zu können, eng anliegen. Mal abgesehen davon, dass er über den Winter gefühlt einzugehen scheint, klebt er heute noch mehr an meinem mit Sonnencreme dick eingeschmierten Körper. Den Chip zum Messen der Nettozeiten trage ich am Fußknöchel. Schwimmen im Wettkampf ist oft eine besondere Herausforderung. Es gilt hier nicht nur, möglichst schnell idealerweise zu kraulen, sondern anders als im Becken ist es in offenen Gewässern, wie hier im Neckar, nicht so einfach, sich zu orientieren. Die Sicht unter Wasser ist deutlich eingeschränkt. Noch heikler wird es, wenn sich zu viele Athleten in einem engen Fluss stauen und sich nicht gerade fortbewegen. Folglich ordne ich mich beim Start rechts hinten ein. Dummerweise kommt allerdings von der linken Uferseite noch eine größere Anzahl von Teilnehmern, so dass ich doch wieder ins Getümmel gerate. „Ok, ist man zumindest am Anfang ja gewohnt, wird schon", denke ich. Heute erhalte ich arg viele Schläge und Tritte, mein Kinn ist einer wild austretenden Ferse im Weg, meine Seite ähnelt wohl einem Box-Sack, mein Gummianzug verführt zu häufigen Berührungen. „Doof, aber wird schon." Vor lauter Hektik schaffe ich nur eine 2er Atmung mit fast durchgehendem Kopfheben. „Blöd, aber wird schon." Mein linker Arm blockiert, ich kriege die kurze, aber wichtige muskuläre Entlastung über Wasser gar nicht geregelt, kann so bald keinen Druck mehr aufbauen. „Wird nicht mehr."

Als viele Schnellere weg sind und um mich herum endlich Platz ist, tauchen die „Zombies" auf. Mit nassen kalten Händen greifen sie quasi aus einem dunkeln Nichts nach meinen Füßen, klammern sich an das scheinbar wehrlose Opfer, mir schwant Schlimmes - berechtigt, wie ich später noch erfahren sollte. Endlich treibe ich relativ geradeaus, doch immer wieder steigt in mir der Verdacht auf, dass jemand auf meinen Rücken ein Schild mit der Aufschrift: „Box mich" geklebt hat, es nervt gewaltig. Auf dem Rückweg wird es mit der leichten Strömung endlich besser. Der linke Arm lockert sich leicht, die Schläger sind fort, eine jetzt sanfte Berührung an meinen Füßen erfreut mich eher: „Ich bin doch nicht Letzter!" Während ich tatsächlich einen Athleten überhole, schaue ich genau rüber, ob er nicht erste Hilfe braucht; nein, er bewegt sich doch noch. Humor ist nichts für schlechte Laune. Als es ganz langsam anfängt, doch Spaß zu machen, ist es schon vorbei. Starke Helfer zerren mich beim Ausstieg aus dem Wasser, ich schwanke die Treppe hoch, zerre erst vergeblich an meinem Neo, trabe langsam zu meinem Wechselplatz und sehe meine Befürchtungen bestätigt: „Der Zeitmesschip ist weg", wohl im Neckar versunken. Was jetzt? Mein erstes DNF? Ich winke einen Kampfrichter, schildere mein Missgeschick. „Wenn du nicht gerade Erster werden möchtest, kannst du weiter machen", meint er. Immerhin hätte ich ja auch eine GPS-Uhr, die die Strecke aufzeichnet. Also schwinge ich mich, zutreffender: schleppe ich mich ächzend aufs Rad, sehe im Vorbeifahren kurz Herzblatt (wird noch wichtig), quäle mich durch die winkligen, engen Gassen, lasse eine sich freundlich bemerkbar machende Sportlerin passieren, dann gelange ich auf die eigentliche Rennstrecke. In einem Anflug von „Jetzt ist sowieso alles egal", beschleunige ich, fahre kraftbetont mit dicken Gängen. Ich sehe immer wieder bekannte Gesichter, die ich in der Ebene oder bergauf überhole, nur um bei der nächsten Abfahrt wieder eingesammelt zu werden. Noch ist die Laune gut, es läuft. Bei einer langen, kurvigen Straße talabwärts, bei der man aufgrund des schlechten Fahrbahnbelags kaum rechts fahren kann, werde ich äußerst knapp überholt, was prompt meine Laune wieder sinken lässt. Als ich mich später auf einer langen Gerade ungebremst bergab rollen lasse, kann ich vor lauter Holpern und böigem Seitenwind das Rad kaum noch in der Spur halten. Unten angekommen bin ich zwar heilfroh, dabei nicht gestürzt zu sein, aber analog zur Strecke geht es auch mental bergab. Dunkle Gedanken kommen auf: „War es das mit mir und meinen Träumen vom Triathlon? Werde ich allmählich zu peinlich für ambitionierte Wettkämpfe? Ich komme mir vor wie ein kleiner Bub, der gerne mit den Großen mitspielen möchte, es aber nicht kann." Endlich meldet sich mein „Engelchen": „Lass das Gejammer! Wen interessiert, ob du etwas langsamer oder schneller bist. Du bist nicht mehr der Jüngste, hast MS und die hügelige Radstrecke in Heilbronn ist zwar sehr schön, aber wirklich nicht leicht." Natürlich hat sie recht. Auch ohne MS wäre eine Mitteldistanz früher ein unvorstellbarer Traum gewesen. Und ich bin immer noch im Rennen. Mit Energie gestärkt, bremse ich in der zweiten Runde auf der windigen Abfahrt, meistere sie problemlos und rolle sicher zurück in die Wechselzone. Doch wo ist Herzblatt? Normalerweise wartet sie an der Kurve kurz vor dem Absteigen. In 20 Jahren hatten wir uns bei keinem Wettkampf verpasst. Da fällt mir siedend heiß ein möglicher Grund ein. Au weia, noch schlimmer als ein vergessener Hochzeitstag, zumindest, wenn man dem Hörensagen Glauben schenken darf. Zuerst werde ich aber an meinem Wechselplatz freudig überrascht. Ein kleiner Bub gibt mir den Hinweis, dass die Veranstalter einen Leih-Chip zu meinen Laufsachen legten. „Super Service", bedanke ich mich. Neu motiviert trabe ich los, doch nachdem Herzblatt auch an anderen Stellen nicht auftaucht, werde ich nervös. „Habe ich das verbockt?" Ich hätte ihr beim Vorbeiradeln zurufen sollen, dass ich den Chip verlor. Wenn sie mich wie geplant über den Liveticker orten wollte, hätte sie ja keine Angaben. Ist sie also auf der Suche nach mir? Wenigstens sah sie mich nach dem Schwimmen, und jetzt beim Laufen könnte es mit dem Liveticker wieder klappen. Nach zwei ungebremsten, viel zu schnellen Kilometern, laufe ich in meinem eingefleischten oberen Grundlagentempo. Nur Herzblatt war weiterhin nicht zu sehen. Endlich, schon auf der zweiten Runde, pocht mein Herz noch lauter, sehe ich sie, alles klar (später erfahre ich, dass sie im Auto auf unserem kühlen Parkplatz etwas länger als geplant ruhte). Jetzt bin ich innerlich wieder in der Spur. Das Klettband des Leih-Chips reibt mir zwar die Sehne blutig, ich bin wohl stark dehydriert, trotzdem überhole ich weitgehend, einen echten Einbruch merke ich nicht. Energie habe ich genügend, Wasser und Cola tanke ich nach. Sinnvollerweise verzichte ich auch hier auf einen Endspurt und finishe nach 6:07:52 Std auf dem roten Teppich vor dem mittelalterlichen Rathaus.

Heute lief zwar einiges schief, aber das ist ja auch das Interessante am Sport. Es gibt somit fast immer Potential für Fortschritte.

Auch die Veranstalter suchen permanent nach Verbesserungen. Das merke ich aufgrund persönlicher Kontakte immer wieder, besonders bei der Challenge Roth, aber auch in Heilbronn. Der Platzmangel beim Schwimmen wurde in den darauffolgenden Jahren entzerrt, indem die Teilnehmer in einer Art „Rolling Start", d.h. nacheinander in kurzen Zeitabschnitten, ins Wasser gelassen wurden. Ein ebenso auf Athletenwunsch neu eingeführter Service in Heilbronn ist der Late-Check-In. Gegen eine kleine Gebühr darf eine begrenzte Anzahl an Teilnehmern der Mitteldistanz das Rad erst am Wettkampfmorgen abgeben. So können sich besonders Sportler aus dem näher gelegenen Umland unnötige und umweltschädliche Fahrten am Vortag sparen.

Heikel

Ein ernstes Thema unter Männern:
Angenommen, die Liebste kommt vom Friseur mit einem äußerst kurzen Schnitt zurück. Wie reagiert Ihr?

Zeitgewinnend: „Fremde Frau, wie sind Sie denn ins Haus gekommen?"

Nachdenken, Nachdenken.
Schleimend: „Kommt ihre Vorgängerin, Miss Germany, auch noch?"
Rational: „Mit dem gesparten Geld für die nächsten, jetzt lange Zeit unnötigen Haarschnitte können wir toll ausgehen."
Hochriskant: „Genau die gleiche Frisur hat meine Mutter im Altersheim auch bekommen."
Berühmte letzte Worte: „Wen sollen wir verklagen?"
Sportlich: „Super Aerodynamik."
Leistungsbezogen: „Tolle Idee, was Du jetzt beim Fönen an Zeit sparst."
Fettnäpfchen: „Jetzt hast Du ja tatsächlich abgenommen."
Mitleidsvoll: „Hätte schlimmer kommen können."
Eheerfahren: „Wenn mein Herzblatt nicht da ist, darf ich keine schönen fremden Frauen empfangen."
Romantisch: Nichts sagen. Küssen!

Liebe Männer, was würdet Ihr antworten?
Liebe Frauen, wie wolltet Ihr empfangen werden?
Alles natürlich nur rein hypothetisch.

Ich darf leiden
Challenge Roth 2017

Eine Langdistanz ist irgendwie immer eine Grenzerfahrung, die zehnte bei 10 Versuchen in 10 Jahren auch alles andere als ein Selbstläufer, ein DNF teils verlockend, teils drohend. Ich bin in einem Alter, in dem immer etwas zwickt oder zwackt, also entschied ich mich unter dem Motto „Ich darf, nicht ich muss" erst am Samstag tatsächlich für einen Start bei der Challenge Roth.
Am Sonntag sind wir wieder gewohnt früh am Wettkampfgelände. Für den vermutet taunassen Helm und das Fahrrad hatte ich vorsorglich ein Handtuch dabei. Das Kraulen (1:27 Std.) verläuft so locker wie noch nie, aber schon hier nagen urplötzlich Zweifel an mir. „Es wird so furchtbar lang und heiß, für was? Die anderen sind schneller, schwimm doch an den Rand, hör auf!" Wäre es nicht vernünftig, es sein zu lassen? Ich denke an Herzblatt, meine Familie, treue Freunde an der Strecke, die mich anfeuern wollen, aber auch an viele, die daheim mit fiebern. Nein, so einfach will ich das Hoffen nicht aufgeben. Beim Radeln ist es anfangs sehr windig, aber auch relativ kühl. Ich komme erstaunlich gut voran, trete mit schweren Gängen, überhole öfter als gewohnt. Am steilen Kalvarienberg hatte ich früher noch nie in beiden Runden schiebenden Rückenwind. Heute schon. Sehr erfreulich. Trotz gewisser Zurückhaltung sind 6:07 Std. für mich mit MS ein neuer persönlicher Rekord und vor allem zwischendurch auch mit erstaunlich viel Spaß. Beim Laufen droht mir allerdings jetzt ungewollt ein DNF oder zumindest ein ewig langer Wandertag. Schwül-warme Hitze ist für meine MS sinnbildlich der „Mann mit dem Hammer". Ich kann kaum noch etwas Lauwarmes trinken, habe trotzdem Durst, zu wenig Energie, ich verglühe. Ich rette mich von einer lieben, mal persönlichen, mal unbekannten, aber oft enthusiastischen Anfeuerung zur nächsten, sauge allein dadurch neue mentale Kraft, überschütte mich mit kaltem Wasser,

murmele „Ich darf leiden", werde bei den klasse Stimmungsnestern sentimental-ich darf meinen Traum leben. Bei KM 20 rufe ich Markus noch zu, dass ich demnächst anfange zu walken, da kühlt es ab, es tröpfelt, ich kann ein Gel verspeisen, der Zucker wirkt. Die Beine sind platt, jeder Schritt schmerzt, alles krampft, aber der Kreislauf ist intakt, der Wille da. Am „Mount" Büchenbach kurz walkend, sehe ich Felix Walchshöfer und Carolin, erwache, trabe weiter, freue mich auf jedes Treffen mit Anja, der guten Seele von Roth. Das Ziel naht. Bei KM 41 bekomme ich Seitenstechen, nein, ich will ins Ziel laufen, schimpfe lautstark, hole tief Luft, lasse den Frust raus, trabe weiter, das Stechen geht weg, ich laufe ins Ziel, 12:31 Std. zeigt die Uhr am Zielbogen. Geschafft – in jeder Hinsicht.

Vor einem Triathlon kommt oft die spannende Frage nach der Höhe der Wassertemperatur auf. Bei einer Langdistanz ist ab 24,6 Grad die Benutzung eines Neoprenanzugs verboten. Dies trifft technisch limitierte Schwimmer, wie mich, eher in einem anderen Fall. Der Neo hat starke Auftriebskräfte und ermöglicht so kräfteschonenderes und trotzdem schnelleres Schwimmen, da der Körper im Gleichgewicht weniger Widerstand im Wasser bietet. Die Schutzfunktion bei den im Wettkampfgetümmel mitunter versehentlich erhaltenen Tritten oder Schlägen finde ich zusätzlich gut. Für mich ist es eher eine Frage der Bequemlichkeit, wie kalter Regen oder starker Wind beim Radfahren. Natürlich sollte man auch ohne Neo in der Lage sein, die 3,8 km bewältigen zu können. Sicherheitshalber testete ich das in der Trainingsvorbereitung. Es machte zwar deutlich weniger Spaß, war anstrengender und dauerte rund 10 Minuten länger, aber als ein echtes Problem gestaltete sich diese Schwimmeinheit zum Glück nicht. Die Temperaturgrenze, ab wann ein Neoprenverbot sinnvoll erscheint, ist aus meiner Sicht individuell und hängt auch viel von den Außenbedingungen und der Intensität ab. Da ich stets das übe, was ich auch im Rennen benötige, trainiere ich im Freibad trotz 25-26

Grad Wassertemperatur fast ausschließlich im Neo. Völlig ohne Probleme, da ich eben nur bei kühlem Wetter freie Bahnen vorfinde. Bislang gab es ohnehin nur bei meinem ersten Wettkampf, einer Kurzdistanz, ein Neoprenverbot. Der zweite entscheidende Aspekt ist die Intensität. Kraule ich entspannt im niedrigen Pulsbereich, kann es mir sogar bei hohen Wassertemperaturen kühl werden. Schwimme ich, wie die Topsportler mit sehr hoher Intensität, besteht diese Gefahr nicht. Im Gegenteil kann ich dann auch bei kälterem Wasser ins Schwitzen geraten. Ich verstehe allerdings auch die technisch starken Schwimmer, die durch die Gummihaut einen Teil ihres Vorteils verlieren. Mehr Freiheiten haben wir Triathleten bei der Auswahl des Zeitfahrrads. Natürlich muss es verkehrstauglich ausgestattet sein, aber ansonsten bleibt es dem Athleten weitgehend selbst überlassen, ob er sich Aerolaufräder mit Hochprofilfelgen zutraut oder sogar wagt, ein komplett verkleidetes Hinterrad (sog. „Scheibe") zu fahren. All dies dient dem Zweck, für ein flottes Tempo zu sorgen und den störenden Windwiderstand zu reduzieren. Unsichere oder leichtgewichtige Fahrer laufen allerdings auch Gefahr, bei böigem Seitenwind das Rad nicht mehr sicher zu beherrschen. Die Unfallgefahr steigt, weshalb Veranstalter bei extrem windigen Wetterbedingungen die Benutzung von Scheibenrädern verbieten können. Im Gegensatz zu bergigen Kursen ist bei den in Deutschland üblichen Langdistanzen das Gewicht meist weniger wichtig als der aerodynamische Vorteil. Beim Laufen darf der Sportler seine Ausrüstung noch flexibler wählen, ganz nach seinen Vorlieben. Bei orthopädischen Beeinträchtigungen kann die falsche Wahl allerdings schmerzhafte Erfahrungen oder sogar Ausfälle nach sich ziehen. Der superleichte Laufschuh mit minimaler Dämpfung und Sprengung (Höhenunterschied zwischen Vorfuß und Ferse) passt nicht jedem. Eine gute individuelle Beratung und Probeläufe helfen bei der richtigen Partnerwahl -dem Schuh für das nächste Laufabenteuer.

Wer aufgibt, kann nicht gewinnen
Challenge Regensburg 2017

Unrasiert, in Gedanken weit weg, fahre ich mit Herzblatt und meinem Jüngsten, Niklas ohne außergewöhnliche Ambitionen nach Regensburg, meiner dritten Challenge 2017, nach Heilbronn und der Langdistanz in Roth. Mich treibt einzig die Hoffnung, die mentalen Reserven wieder positiv aufzuladen. Die ganze Saison über spornte ich mich beim Training mit dem motivierenden Schlachtruf „RoReHe" an, den Anfangsbuchstaben der Orte meiner Triple-Challenge. Doch jetzt ist mein inneres Feuer fast erloschen, kein unübliches Gefühl in den letzten nahezu sportfreien Tagen vor einem heiklen Wettkampf. Ich bin skeptisch. Etwas zu wagen, ist nichts für Feiglinge. Etwas gar nicht zu wagen, ist allerdings langfristig noch gefährlicher. Mein Gute-Laune-Akku bedarf der Aufladung. Ich entscheide mich zu starten. Am Sonntagmorgen fängt es an zu regnen, es ist kühl. Unangenehm für die meisten, aber meine MS mag das Frische, ich die zweiten Frühlingsgefühle. Locker kraule ich im Guggenberger See, habe ungewohnt gute Orientierung, schwächel etwas beim Landgang, bekomme danach ohne Beinschlag fast Wadenkrämpfe. Zu allem Überfluss öffnet sich mein Neo bereits vor dem Ende, egal, ich wechsle nach 1:22 Std. sehr gemütlich, denn das Radeln will ich genießen. Und es läuft. Trotz weiterhin leichten Regens gerate ich in einen Rausch, jeglicher Zwang ist weit weg. Oft sehe ich weit und breit keinen anderen Sportler, nur viel Natur. „Es fehlt nur noch das Führungsmotorrad", denke ich grinsend. Es klart auf. Am Horizont lässt der Blick auf die Walhalla frohlocken. An einer unübersichtlichen Stelle rufen Helfer: „Achtung, falscher Abzweig." Ein Athlet kehrt um, ich rechts trotzdem weiter, wieder ganz allein. Ich zweifle plötzlich: bin ich auf eine falsche Strecke, eventuell für die „Challenge for Two", abgebogen? Die verschiedenen Rennformate verwirren. Muss ich zurück? Kurze Zeit danach halte ich kurz bei dem nächsten

Streckenposten. Ich bin doch richtig, jetzt voll mit Adrenalin weiter. Der rechte Innenschenkel krampft leicht vor Kühle und Spritzwasser, aber heute wittere ich die Chance und in meinem Alter gibt es nicht mehr so viele. Ungebremst lasse ich mich in einen Flow gleiten, trete weitgehend mit dem größten Gang. Das spätere Laufen wird erst einmal komplett ausgeblendet. Eins nach dem anderen. Richtig gigantisch wird die Fahrt auf der in diesem Moment scheinbar ganz allein für mich gesperrten Bundesstraße durch Regensburg.

Nach einem entspannten zweiten Wechsel laufe ich mit müden Beinen, aber überraschend weniger langsamer als vermutet los. Ich freue mich auf jedes Treffen mit meiner Familie und meinem zuverlässigen Supporter Markus, klatsche Anja ab, freue mich sehr über das herzliche Treffen mit Sabine, lasse mich von der Stimmung und dem „Dabeisein" mitreißen. Bei Km 20 blicke ich auf die Uhr, merke, dass ohne den eigentlich jetzt geplanten Wandertag sogar noch eine Zielzeit unter 12 Stunden drin sein könnte. Ich richte mich auf, atme tief durch, verinnerliche das Ziel, laufe engagiert weiter. Die Nahrungsaufnahme wird schwieriger, ich schmeiße alles ein, es wird herb, aber: „Wer aufgibt, kann nicht gewinnen." Rechtzeitig kommt ein erfrischender Regenschauer, die Sorgen sind vergessen und weggespült. Ich klatsche zum letzten Mal den allseits beliebten und bekannten Motivator Frank Horras ab, verscheuche kurz vor dem Ziel das obligatorische Seitenstechen und finishe hochzufrieden in 11:53 Stunden. Bei meiner elften Langdistanz war ich 38 min schneller als vor 5 Wochen in Roth, wobei ich beim Radfahren mit 5:45 Std. selbst in der Zeit vor meiner MS-Diagnose nur einmal minimal schneller war. Für mich war es insgesamt wohl die gelungenste Langdistanz überhaupt.

Ursprünglich war Regensburg lediglich als Ausweichmöglichkeit geplant, um mir den Druck von Roth zu nehmen. Bei nur einer Chance im Jahr kann schnell etwas dazwischen kommen, so hatte ich eine zweite Option. Im Vorfeld durfte ich sogar ein ausführliches Interview über MS sowie Sport mit Spaß geben. Das Ergebnis wurde auf der Homepage veröffentlicht, nicht ganz folgenlos. 2 Jahre später lernte ich nämlich über mehrere Ecken einen sympathischen Sportsfreund kennen, ebenfalls mit MS. Er berichtete mir, dass er früher ein leidenschaftlicher Radfahrer war, aber nach der Diagnose keinen Sinn mehr im Sport sah. Als er sein Rennrad verkaufen wollte, meinte der Händler zu ihm, dass er von einem mit MS gelesen habe, der unter dem Motto „Wer nicht schnell kann, sollte lange wollen" 2 Langdistanzen in 5 Wochen finishte. Der Sportler verkaufte sein Rad dann doch nicht, trainierte gemeinsam mit dem Händler auf einen Triathlon hin und finishte dieses Jahr erfolgreich den IRONMAN in Hamburg. Genau wegen solcher Erlebnisse bekenne ich mich immer wieder zur MS und berichte gerne offen und ausführlich von meinen sportlichen Aktionen. Man sollte die Chance nutzen, wenn sie da ist. Denn ein Jahr später fand das großartig organisierte Rennen in Regensburg leider nicht mehr statt.

Ich habe zwar noch nie einen Wettkampf aufgegeben, aber im Leben gibt es Situationen, an denen man besser vernünftig sein sollte.

Urlaub in den Bergen

Wir starten um 7:30 Uhr an der Talstation der Nebelhornbahn in Oberstdorf und steigen auf dem Fahrweg in Richtung Edmund-Probst-Haus. Die ersten rund 500 Höhenmeter sind zwar steil, aber gut machbar. Um uns herum ist es völlig einsam, riesige Wände links und rechts. Vor uns warten weitere 600 Höhenmeter direkt am Block, die Steigungen betragen im Schnitt 25-35%. Vor 12 Jahren absolvierte ich hier den vielleicht schönsten Lauf meines Lebens. Jetzt schnaufe ich schon beim Wandern, einfach zu steil. Dennoch ist die Stimmung prächtig, hier im puren Leben. Oben angekommen, wollen wir weiter auf den Gipfel des *„Großen Daumen".* Herzblatt liebt solche Wege mitten im Berg. Und Herzblatt macht so unvorstellbar viel für mich. Ich will mich revanchieren. Während ich holpere, wandern die zwei Jüngeren locker. Es gibt keine arg ausgesetzten Stellen, das Wetter ist bombig und doch merke ich, dass der Weg mich anstrengt. Mein Gleichgewichtsgefühl ist mittlerweile zu schlecht, das Vertrauen fehlt. Leider ist öfters kein Pfad erkennbar, sondern nur die Richtung markiert. Ich lande plötzlich im Fels, drehe um, ah, weiter oben, klettern, vorsichtig mit Händen und Stecken wieder runter, weiter. Ich schramme mir Knöchel und Waden blutig, malträtiere an einer Stelle meinen linken Meniskus, sehe fast schon den Helikopter über mir kreisen. Dabei bin ich nicht der Älteste, aber sicherlich der Ungeschickteste. In der Jugend wäre es ein toller Weg für mich gewesen, jetzt nicht mehr. Nach einer Stunde kommen wir zu einer Stelle, an der ich nicht mehr weiter weiß. Sollen wir über den schiefen Fels balancieren, durch eine Rinne oder nach oben ohne Halt? Alles keine brauchbaren Alternativen, aber ich muss doch weiter, für Herzblatt. Ich krabbele durch die Rinne, ziehe mich an Wurzeln hoch, auf der anderen Seite wieder runter. Herzblatt fragt, ob wir umkehren sollen. Nein, weiter. Doch als später immer noch keine Wegbesserung in Sicht kommt, gebe ich auf. Wir drehen um. Eigentlich ein harmloser, gut machbarer Weg, aber für mich ist diese Hürde jetzt einfach zu hoch, vielleicht gerade auch, weil ich mich selbst so sehr unter Druck setze. Der Rückweg klappt besser, zwar immer noch holprig, aber jetzt kenne ich die heiklen Stellen. Zurück bei der Mittelstation, erklimmen wir als Ausgleich das Nebelhorn. Auf einem steilen, aber breiten und einfachen Weg wandern wir die 300 Höhenmetern hoch. Dass meine Sorgen nicht ganz unbegründet waren, bestätigte sich ausgerechnet hier. Eine ältere Frau stolperte, verletzte sich und musste mit dem Heli abtransportiert werden. Oben auf dem Gipfel haben wir eine herrliche Weitsicht, die Stimmung ist wieder gelöst, insgesamt war es doch ein toller Tag, auch wenn ich zwischendurch an meine Grenzen kam.

Besenwagen im Wasser
Köln 12 km Schwimmen, Juni 2018

Wie kann man bloß auf die Idee kommen, 12 Kilometer zu kraulen?
Das sind 480 Bahnen im Hallenbad!
Viel Denken ist dabei allerdings nicht möglich, ich bin schließlich ein
Mann und muss schon meine Bahnen genau mitzählen. „Wer nicht
schnell kann, sollte lange wollen", gilt auch hier.
Ganz früher war ich bereits hoch zufrieden, überhaupt 1000 m
schwimmen zu können, wenn auch nur im Bruststil. Das war für mich
ebenso eine Langstrecke wie 5000 m zu laufen oder 40 km zu radeln.

Später als über 40-Jähriger und aktiver Ausdauersportler trainierte
ich mit einer tollen Selbsthilfegruppe aus dem Triathlon-Forum für
schnellere Zeiten, speziell, um die 1000 m unter 18 Minuten zu
kraulen. Wir motivierten uns unter der fachkundigen Anleitung von
Karsten gegenseitig. Dank der enthusiastischen Anfeuerung im
direkten Duell mit Dean erreichte ich dieses Ziel beim emotionalen
Abschlusswettkampf in Sindelfingen. Ich war trotz eines „Gib-Alles-
Endspurts" zwar einige Sekunden langsamer als Dean, doch noch nie
freute ich mich so über eine scheinbare Niederlage. Viele der damals
aufkeimenden Freundschaften bestehen heute noch.

Ähnlich optimal lief die Vorbereitung für Köln. Im Forum beteiligten
sich nach einer cleveren Idee von Ralph mehrere gemischte Teams an
einem virtuellen Flussschwimmen vom Bodensee bis zur Flensburger
Förde. Durch fleißiges Training, Bonuskilometer für neue Bestzeiten
und originelle Zusatzspiele konnte man vorwärts kommen. Dank
dieser motivierenden Stimmung lief die Vorbereitung für mich
überraschend gut. Ausgehend von anfangs maximal 4 Kilometer
Schwimmen am Stück waren am Ende im Training für mich sogar
8000 Meter gut zu bewältigen.

Beim Start in Köln herrscht ein super Wetter, ich bin ausgeruht, es ist ein überschaubares Feld und dank der Leinen im Fühlinger See, einer ehemaligen Olympiawettkampfstrecke, sollte eine klare Orientierung garantiert sein. Was sollte also noch schief gehen? Vor dem Start bin ich noch zu Späßen aufgelegt, sage zu Judith: „Bestimmt schaffe ich es auch in Köln, mich zu verschwimmen". Der Spaß sollte mir noch vergehen. Judith meldet sich kurzfristig auch für die längste Distanz an, die 12 Kilometer. Beneidenswert, sie krault nicht nur deutlich schneller als ich, sondern bewies ein Jahr zuvor bei der 26 Kilometer langen Durchquerung des Züricher Sees auch ausordentlich zähe Ausdauerfähigkeiten. Die MS hat wirklich unendlich viele Facetten. Nur ein Aspekt scheint bei vielen eher positiv verlaufenden Fällen, die ich kenne, gemeinsam zu sein. Bei allen hilft Sport unglaublich gut.

Beim Gang ins Wasser liegt entgegen der Ankündigung keine Zeitmessmatte. Das ist seltsam, aber es gibt wohl Gründe dafür. Noch kurioser folgen alle Athleten dem Herdentrieb und sammeln sich in der Mitte der Regattabahnen, die eigentlich nur für die Startgruppen der Schwimmer mit den kürzeren Distanzen vorgesehen waren, statt wie ursprünglich vorgesehen auf der Randbahn. Ich bin irritiert, begebe mich aber auch ins Getümmel. Nach dem Start läuft es ganz ordentlich, ich kann mich kaum bremsen. Vor der 1000 m Wende dirigiert mich ein Paddler zu der aus meiner Sicht falschen Boje. Über 3 Minuten mehr als geplant auf der Uhr nach 1000 m, das bekräftigt meinen Verdacht auf einen deutlichen Umweg. Egal, der Tag wird noch lang, also weiter. Doch wohin? Manche Mitstreiter schwimmen links neben dem Seil, andere rechts. Ich folge einfach der Masse, doch wo ist die nächste Wende? Das Ende scheint nicht klar markiert zu sein. Langsam wird ein anderer immer wieder kehrender Alptraum wahr. Ich bin in einem Rennen und kenne den Weg nicht.
Die Lust sinkt natürlich deutlich, ich merke, dass ich verkrampfe. Bald kommen uns einzelne Schwimmer entgegen, es gibt Kollisionen,

Chaos. Wie bei zwei Schafböcken rammt mich einer am Kopf, nachdem mein Vordermann gerade noch ausweichen konnte. Jetzt reicht es mir. Ich kraule ab sofort deutlich entfernter vom Trennseil, muss dadurch allerdings immer wieder nach dem Weg schauen und schaffe es doch kaum noch, geradeaus zu schwimmen. Nach 4 km habe ich schon genug, meine Schulterrotatoren schmerzen bereits heftig. Ich höre jetzt auf, das macht einfach keinen Sinn heute. Die These einer charmanten Bekannten, Yvonne, fällt mir ein: „Es gibt grandiose Tage und es gibt Tage, um später davon Geschichten zu erzählen." Herzblatt wartet, loyale Freunde sind extra von weit her zum Anfeuern gekommen. Wirklich weiter? Ja, weiter! Jeder Armzug schmerzt. Ich versuche den Winkel zu ändern, die Anstellung der Hand. Nichts hilft wirklich. Noch 8 km, unvorstellbar lang.

Nach 6 km wird es leerer, da die Schwimmer der kürzeren Distanzen jetzt im Ziel sind. Der Rest schwimmt geordnet rechts vom Seil. Die 8 km passiere ich, wie daheim im Training in genau 2:59 Stunden, nur heute um Welten geplätteter. Ab jetzt ist jeder Meter für mich Neuland, und zwar kein erfreuliches. Hatte ich anfangs noch den einen oder anderen der 6 km Aspiranten überholt, bin ich jetzt völlig allein und unter den Langstreckenspezialisten vermutlich sogar Letzter. Mein Handgelenk schmerzt von der Uhr, ich verliere das Gefühl in den Armen. Ich habe Einbildungen, dass sich rechts von mir eine Wand befindet. Ich kann nicht mehr, an Land würde ich schon lange gehen, aber im Wasser? Ich finde keine Lösung, habe verflixt keine Idee, wie ich es schaffen soll. Meine wirren Gedanken kreisen, die Zeit vergeht. Indes verringert sich so auch die verbleibende Streckenlänge.

Letzte Runde, zwischendurch erhofft, doch selbst jetzt ist das nahende Ziel ist so ewig weit weg, die eigentlich sanfte Strömung bei einer Brückenquerung gefühlt ein reißender Fluss. Von hinten nähert sich das DLRG-Rettungsboot, nun meine persönliche Begleitung, der „Besenwagen im Wasser". Ich denke an den IRONMAN Hawaii, an die letzten Athleten, die sich im Pazifik mit aller Kraft mühen, um das Zeitlimit nicht zu überschreiten, bei dem man aus dem Rennen genommen wird. Ich bin in Köln, und ich kann schon lange keinen Druck mehr aufbauen, meine Schulterrotatoren sind am Limit. Nicht mehr lange, dann kann ich den ersten Arm gar nicht mehr benutzen. Einarmig schwimmen? Mehr Beinschlag? Mit Beinschlag erzeuge ich keinen Vortrieb. Auf dem Rücken schwimmen? Ich habe keine Ahnung, doch ich bin zu stur, um aufzugeben, nicht so kurz vor dem Ziel. Sonst gilt das Motto: „ Schritt für Schritt", aber „Zug um Zug" klappt auch.

Lange Zeit später bedanke ich mich ein letztes Mal bei den Helfern an dem Verpflegungsponton. Endlich sehe ich den Ausstieg. Herzblatt und Judith warten, Helfer packen mich, denn meine Beine versagen. Die steile Treppe ist ohne Hilfe unüberwindbar. Oben schwanke ich über die Ziellinie, völlig ramponiert und am Ende meiner Kräfte. Die zwei Lieben fangen mich auf, meine Beine zittern völlig unkontrolliert wie Espenlaub. Trotz allem: auch heute war nicht der Tag, das erste meiner über 80 Rennen aufzugeben, schon gar nicht mit der MS, die nur auf solche Schwächen lauert. Eine halbe Stunde nach mir kam sogar noch ein weiterer Teilnehmer ins Ziel.

Mit eher bescheidenen 4:43 Stunden bin ich lange im Schmerz geschwommen und doch - kaum habe ich mich von dem nasskalten Neo befreit - erfreue ich mich an positiven Gedanken und dem unvermeidlichen Belohnungskuchen.

Landsäugetiere haben zwar eigentlich nichts so lange Zeit im Wasser verloren, aber das Ziel an sich ist zweitrangig. Wichtiger ist der Wille, es erreichen zu wollen. Auch von dieser Aktion konnte ich lange Zeit zehren und positive Energie für den Alltag gewinnen.

Was platt ist, kann niemals platzen
Challenge Roth 2018

Gerade eben stand ich noch neben Lucy Charles, Yvonne van Vlerken, Daniela Bleymehl und Sebastian Kienle. Jetzt warte ich frierend im Wasser auf den Startschuss, aufgrund meiner MS in der ersten Startgruppe neben anderen Sportler mit Beeinträchtigungen, aber auch neben den Profis. Bin ich wirklich bereit? Eine Langdistanz ist immer eine Wundertüte, erst Recht mit der unberechenbaren MS, aber gerade ihr muss ich immer wieder Zeichen setzen: gemeinsam ja, aufgeben nein. Der Startschuss ertönt, endlich genieße ich in Roth wirklich das Schwimmen, ich darf 1:18 Std lang meinen Traum leben, immerhin bin ich 9 Minuten schneller als letztes Jahr. Das Radeln entspricht schon eher der Realität, einerseits positiv frisch, andererseits arg böig. Mich hätte es fast auch einmal vom Rad geweht, als mich ein Athlet in zu geringem Abstand überholte und noch dazu eine Böe kam. Mit meinen eingeschränkten Reflexen und sichtbaren Auswirkungen traue ich mich bald nicht mehr, in riskanter Aerohaltung zu fahren. Durch eine große Portion Adrenalin befeuert, kurbele ich vorsichtiger weiter, beide Hände am Oberlenker. Eine gute Entscheidung, da mir wenig später ein anderer Sportler an vollkommen übersichtlicher Stelle ins Hinterrad fährt. Es scheppert erheblich. Ich bremse, ohne zu fallen. Wäre ich in Aeroposition geblieben, hätte ich mich sicherlich heftig hingelegt. Ich frage ihn, ob alles klar ist. Er bestätigt, ich fahre weiter. Als er mich später einholt, entschuldigt er sich freundlich. Er wollte etwas trinken und vergaß dabei, nach vorne zu schauen. Für mich wird es in aufrechter Haltung allerdings sehr zäh, die Hände schmerzen, ich stehe damit in voller Größe im Gegenwind. Und der ist heftig. 6:17 Std. später rolle ich mit argen Matschbeinen in T2 ein. Schnell merke ich, dass es mit einem schnellen Laufen heute nichts wird. Mittlerweile sticht öfters die Sonne, meine MS blockiert, streikt dann wieder einmal zu gern. Ich schleppe mich endlos von einem Kilometerschild zum nächsten. Ertrage, dass mich jetzt viele überholen; nur wenigen geht es noch schlechter. Zeiten sind mir sowieso inzwischen egal, nur eine aus Respekt für meinen sympathischen Freund Andy nicht. Mit viel Hingabe und Einsatz kämpft er seit Jahren vergeblich um eine SUB 13. Für junge oder talentierte oder unbelastete Triathleten ist diese Schwierigkeit kaum vorstellbar, für unsereins ist es immer wieder eine gewaltige Herausforderung. Ich trabe und trabe, auch den Hügel nach Büchenbach hoch. Zurück zieht es mir ausgerechnet bergab völlig den Stecker. Weder die nötige Energie noch Flüssigkeit kann ich aufnehmen, der Kreislauf fängt an zu streiken, ich friere plötzlich. Ich will nicht umkippen, besonders jetzt nicht mehr, verfalle ins Gehen, auch wenn das bergab irgendwie peinlich wirken muss. Den ganzen Tag über treffe ich immer wieder liebgewonnene, aber auch neue Freunde, tanke erfrischende Energie, checke sogar, dass ich mir das fröhliche Einhorn bei Frank und seinem grandiosen Stimmungsnest doch nicht einbilde, lächle, genieße die letzten Kilometer. Nach 12:51 Std. finishe ich Roth zum neunten Mal in neun Jahren, nicht glücklich - dazu bin ich noch viel zu fertig - aber unendlich erleichtert: „Ich darf träumen, kämpfen, leiden, hoffen und bisher am Ende immer feiern. Was will man mit MS mehr?" Es gibt Tage, da läuft es nicht rund. Innerlich stöhnt dann der Körper besonders bei einem Ü50-Jährigen: „Mach das nie, nie wieder." Aber das ist auch die Würze des Lebens.

Fazit: Mein größtes Manko im Triathlon ist, dass ich oft nicht in der windschnittigen Aerohaltung fahren kann. Mein Gleichgewichtsinn und meine Reflexe sind zu unsicher, die Sturzgefahr bei Böen oder anderen Überraschungen zu groß. Aufrecht im Wind ist aber der Luftwiderstand um ein vielfaches höher, der Kraftaufwand um vorwärts zu kommen ungleich größer.

Grenzen des Ehrgeizes
Mitteldistanz Erlangen Sommer 2018

Ich sitze am Freitagabend während einer warmen Sommernacht im Burghof von Jagsthausen und lausche zusammen mit Herzblatt den Klängen des Freilichtmusicals. Ein besonderer Moment voller Erinnerungen, die mich sentimental stimmen. Der tragische Tod eines guten Freundes vor über 20 Jahren ist plötzlich wieder präsent. Ferner die verfrühte Rückkehr von einem Schachturnier, 1998 erst- und letztmals ohne Familie. Trotz eines Achtungsremis gegen den Deutschen Meister wollte bei mir keine richtige Stimmung aufkommen. Als ich daheim registrierte, wie unbändig sich die Familie über meine Ankunft freute, war es vorbei mit meinen internationalen Ambitionen.

Die Ereignisse des dritten Rückblicks spielten sich weitere Jahre später ab. Ich durfte mir einen lang gehegten Traum erfüllen, die Teilnahme an der Deutschen Schachpokalendrunde. Ich gewann zwar oft im Bezirk, scheiterte aber regelmäßig auf badischer Ebene. Endlich schaffte ich es. Doch zwei Wochen zuvor bekam mein Vater einen Herzanfall. Sein Zustand stabilisierte sich und ich hätte schon fahren können, doch meine Motivation war völlig weg. Das ursprüngliche Ziel lockte mich nicht mehr. Eine glückliche Zeit mit der Familie ist begrenzt und so viel wichtiger.

Ähnliche Gedanken wirbeln auch im Blick auf den Erlanger Mitteldistanz-Triathlon durch meinen Kopf. Angesichts zahlreicher schwieriger Balanceakte schon im Alltag habe ich keine Lust auf noch mehr Stress durch die Anfahrt, das Wetter und andere Dinge. Deshalb bin ich froh, zumindest das Hotelzimmer kostenlos stornieren zu können. Klarer wird es in meinem Kopf dadurch aber nicht, die Zweifel bleiben. Nein oder vielleicht doch? Darf ich es wagen oder ist es zu riskant? Die Wettervorhersagen wechseln von

Gewitter, Kälte und Dauerregen zu vereinzelt trockenen Abschnitten und wieder zurück. Verrückt. Ich werde absagen, dieses Jahr sammelte ich ohnehin schon zwei DNS („Did Not Start" oder meine Version „Darf Nicht Starten"), da kommt es auf einmal Mehr nicht an. Ich werde mir daheim einen schönen Tag mit Sport und Spaß machen.
So hätte die Geschichte enden können. Aber..

Kuriositäten

Ich denke an eine liebe Bekannte mit MS und fühle mit ihr. Sie hatte vor wenigen Tagen einen neuen Schub, der Zweifel säte, welche Träume bleiben können und wie es weiter geht. Ich habe ihr Motto verinnerlicht: „Lebe Deinen Traum. Diese besonderen Augenblicke kann Dir keiner mehr nehmen, auch die MS nicht."
Ich erinnere mich an die Mitteldistanz 2013 in Kraichgau, mein erstes DNS im Triathlon. Mit frischer MS-Diagnose, heftigem Gewitter vor dem Start und angekündigtem Dauerregen war es mir schlichtweg zu riskant. Dass die Sonne dann doch den restlichen Tag über schien, war vielleicht nur eine Laune des Schicksals oder eben auch ein Fingerzeig, nicht zu früh die Hoffnung aufzugeben. Meine biologische Uhr für sportlich besondere Momente tickt. Es wäre bedauerlich, zu verschwenderisch mit den weniger werdenden Chancen umzugehen. Ich hoffe einfach auf Glück, und da ich kürzlich von Ralph lernte, dass frühes Aufstehen besser ist, als sich noch lange im Bett zu wälzen, stehen Herzblatt und ich um 3 Uhr auf und fahren zwei Stunden durch die dunkle, regnerische Nacht. Ich checke als erster ein, grinse innerlich: „Einmal in Führung liegen", sitze über eine Stunde auf der Strafbank (der einzig überdachte Platz während des Dauerregens), friere und hüpfe später in das wärmere Wasser des Main-Donau-Kanals. Ich sortiere mich, wie üblich, etwas weiter hinten ein, finde aber, dass die vor mir zu langsam sind. Überraschend. Also überhole

ich links, kraule, lebe, bin im Flow des „Ich kann und ich darf" - selten genug bei der ersten Disziplin, doch diesmal genieße ich es wirklich. Ich beschleunige, sehe die Bojen, schwimme gar nicht mal so quer wie sonst, bin plötzlich bei den Vorderen meiner Startgruppe, ziehe es bis zum Ende durch und habe die erste Etappe hinter mir. Ich lasse mir an dem steilen Ufer aus dem nassen Element helfen. Um prompt ins nächste nasse Element zu kommen. Es regnet nämlich weiterhin, ich wechsle also bedächtig aufs Rad. Die Straße ist zu einem Drittel nicht gesperrt, später haben wir sogar Stau, müssen uns vorsichtig an stehenden Autos vorbeischleichen. Mein Schönwetter-Cervélo quietscht, der Abstand vom Hinterrad zum Rahmen ist zu eng für den Schmutz und die kleinen Steinchen. Es nützt nichts, ich muss hoffen, dass es gut geht. Der Regen nimmt etwas ab, eigentlich meine Temperatur, weder Kreislauf noch MS begehren auf. Oft fahre ich einsam, wenn ich mal einen vor mir habe, ist er nach der nächsten eckigen Kurve 50 Meter vor mir. Schade, aber ich habe eben nicht mehr die Reflexe, um die Kurven eng und schnell zu durchfahren. Ich muss es akzeptieren und langsam machen. Vorsichtig wechsle ich später zum Laufen, trabe bemüht engagiert los, doch die Beine sind schwer, es ist zäh. Eine Uhr habe ich nicht. Das Ziel ist, jeden einzelnen Moment des „Dabeisein-Dürfen" zu genießen. In der zweiten Runde kämpfe ich, jetzt möchte ich mich nicht mehr überholen lassen, schnaufe mein sinnbildliches Mantra für Durchhaltevermögen: „Bunte Socke, Bunte Socke". Es wirkt, ich liefere mir ein Dreierduell, mal ist der eine, mal der andere vorne. Bei Km 15 treffe ich Sabine, die sonst fleißig brillante Wettkampffotos schießt; heute ist sie aktiv auf der Strecke unterwegs. Ich stoppe kurz für eine herzliche Umarmung und als ob das einen Knoten gelöst hätte, fühle ich mich in alte Zeiten versetzt, beschleunige, lasse die anderen stehen, überhole, überhole und überhole noch einen. Es läuft richtig gut.

Vollkommen verdreckt, aber glücklich finishe ich. Meine Zeiten erfahre ich erst später: 2000 m SWIM in 40:14 min, 80 km BIKE in 2:27:47 Std., 20 km RUN in 1:43:48 Std., mit Wechselzeiten gesamt 5:01:23 Std. und damit 36 min schneller als vor 11 Jahren in der jugendlichen Altersklasse M40, damals noch ohne MS.

Ein Rennen wird oft im Kopf entschieden.
Gerade Wettkämpfe mit niedriger Erwartungshaltung erweisen sich häufig als die effektivsten. Ohne Druck oder Zwang können viele Menschen bessere Leistungen erzielen. Das konnte ich schon oft nachvollziehen, auch früher beim Schach. Ist die Stellung objektiv verloren, hat man nichts mehr zu verlieren. Der Kontrahent dagegen schon; denn jetzt nicht voll zu punkten, wäre eine Blamage. Er ist nicht mit seiner ganzen Konzentration beim Denkduell. So drehte sich manche verloren oder gewonnen geglaubte Partie. Das gleiche gilt für den Triathlon. Ist der Kopf ganz im aktiven Sein und im „Gefühl des Jetzt" läuft es besser, als abgelenkt von negativen „Was wäre, wenn" Gedanken und Versagensängsten. Mentales Training wird aus meiner Sicht noch oft unterschätzt. Positives Denken wäre auch hier wichtig. Selbst bei einer Absichtserklärung kann man schon stolpern. Fehlerhaft wäre z. B.: „Ich habe keine Angst vor Seitenstechen." Damit löse ich negative Erinnerungen an Angst oder Seitenstechen aus und verkrampfe erst recht. Besser wäre: „Ich atme kräftig ein und aus." Dies übe ich bereits im Training, so dass ich dann im Wettkampf auf bewährte Mechanismen zurückgreifen kann. Noch besser ist, kurze Mantras zu formulieren. „RoReHe" oder „Bunte Socke" passen hervorragend zum Atemrhythmus, und ich habe zusätzlich ein Bild vor Augen. „Bunte Socke" ist der Forumsname einer jungen Mutter mit besonders viel Kampfgeist und grenzenlosem Optimismus, die sich auf den Punkt genau auf einen Wettkampf konzentrieren kann. Das farbenfrohe Bild dazu lässt mich zusätzlich schmunzeln und sorgt so für beste Ablenkung.

Überlebenstraining

Herzblatt ist mutig. Sie ist nicht nur zu einer geführten Alpenüberquerung aufgebrochen, sie wagt sogar, ihre Schutzbefohlenen eine Woche allein zu lassen. Aber das bisschen Haushalt sollte doch kein Problem sein.

Tag 1 Allein zu Haus
Im Kühlschrank ist noch Salat, frisch geputzt und gewaschen, wie wohl immer, direkt vom Feld. Lediglich die Zwiebeln fehlen. Das können wir auch allein. Schnell hole ich das Nötigste: Zwei Zwiebeln, ein scharfes Messer, ein Schneidbrett, einen Erste-Hilfe-Koffer, ein Handy. Daneben lege ich griffbereit die Notrufnummer. Keine 10 Minuten später sind die Zwiebeln zerkleinert. Etwas kurios finde ich schon, dass die Würfelchen außen braun sind. Bei Herzblatt sind sie immer weiß, aber wir sind ja keine Rassisten. Ich kippe sie in die Salatsauce. Sie knacken und knirschen ziemlich stark beim Kauen, gute Ballaststoffe für die Verdauung.

Tag 2 Allein zu Haus
Über Nacht haben sich wohl die physikalischen Gesetze geändert, die Sachen liegen noch genau dort, wo wir sie gestern fallen ließen, dies war in der Vergangenheit nicht so, seltsam. Heute gibt es schmackhaftes italienisches Essen. Ich verstehe nicht, warum Herzblatt sonst so lange in der Küche braucht. Ein Mann ist viel schneller. Moment, ich muss Schluss machen. Es hat gerade geklingelt. Der Pizzabote dürfte da sein.

Tag 3 Allein zu Haus
Es hat geschneit, mitten in der Wohnung. Anders kann ich mir nicht erklären, warum auf einmal lauter weiße Flocken auf dem Boden

oder sonst wo liegen. Schwerwiegender ist da schon, dass ich bemerke, dass kein Brot mehr da ist. Wie kann das denn sein? Ich habe den Thermomix in Verdacht und spreche vor ihm laut und deutlich: „Alexa, Brot backen."

Tag 4 Allein zu Haus
Nutella schmeckt zur Not auch mal pur, dummerweise sind jetzt Teller und Besteck ausgegangen. Sind die Heinzelmännchen ausgestorben oder durften sie nicht einreisen? Herzblatt murmelte doch irgendwas von Geschirr waschen - aber womit? Wir suchen intensiv und werden im Keller fündig: die Waschmaschine. Natürlich typisch Frau, so unpraktisch, viel zu weit entfernt vom Einsatzort Wohnzimmercouch. Egal, die Trommel wird beladen und nach dem Drücken einiger Knöpfe - als hochqualifizierter Mann (Doppelbetonung) braucht man keine Gebrauchsanweisung - fängt sie an zu rotieren.

Tag 5 Allein zu Haus
In der Zeitung steht leider nicht, wo der nächste Polterabend stattfindet. Ich hole die Schaufel und sorge bestimmt für Entzücken bei künftigen Ausgrabungen in unserem Garten. Viel Spaß beim Zusammensetzen. Google spuckt bei der Eingabe „Hilfe" 365.052.012 Ergebnisse aus.

Tag 6 Allein zu Haus
Es wird immer schwieriger, an den Kleiderbergen vorbei zu gelangen. Da hilft wohl nur noch die Schaufel. Zum Glück sind meine Muskeln mittlerweile gut daran gewöhnt, eine zarte Frau wäre jetzt bestimmt hilflos. Nutella ist jetzt auch alle, aber wir haben eine Dose Ravioli entdeckt. Kalt schmeckt sie wohl nicht so gut, also stellen wir sie auf

den Herd und drehen voll auf. Jetzt haben wir Zeit, den Dosenöffner zu suchen.

Tag 7 Allein zu Haus
Moderne Kunst als neues Tapetenmuster in der Küche ist doch nicht schlecht. Passend dazu sind die Fenster inzwischen natürlich abgedunkelt, das ist gut für die Privatsphäre.

Tag 8 Gemeinsam zu Haus
Alle sind glücklich und zufrieden. Herzblatt hat erfolgreich die Alpen gemeistert, wir gaben ihr das Gefühl, auch zukünftig gebraucht zu werden. Mit ihr an meiner Seite können auch sonst schier unüberwindbare Herausforderungen bewältigt werden, sei es im Sport oder im Alltag. Bei einem unserer ersten Dates überraschte ich sie mit einem selbst zubereiteten Menu. Vermutlich weckte ich dadurch ihre Beschützerinstinkte, sie blieb. Zum Glück.

Manchmal ist es nicht so gut, zu viel zu denken. Das Leben ist riskant. Es kann immer etwas passieren. Besonders bei einer abenteuerlichen Alpenüberquerung, noch dazu bei Tiefschnee und bescheidenem Wetter. Wieder helfen Humor und gute Freunde. Früher konnte ich typische seelische Krankheiten nicht nachvollziehen. Ich registrierte, dass es sie gab, ich konnte mir aber nicht vorstellen, dass hier vieles auch auf einer körperlichen Ebene abläuft und die Betroffenen sich nur eingeschränkt wehren können. Mittlerweile kenne ich relativ viele, einst ganz normale, aktive Menschen, die durch einen Unfall, ein Unglück oder eine Krankheit kurz- oder langfristig aus der Bahn geworfen wurden. Die MS verführt ebenfalls leicht zu negativem Grübeln. Um mich nicht unterkriegen zu lassen, muss ich aktiv bleiben, darf mich nicht treiben lassen oder gar aufgeben. Ein Ausruhen besonders nach intensiver Arbeit oder Sport mit Spaß ist vollkommen in Ordnung, eine Wohltat und wichtig, doch danach darf das Aktivsein gerne weitergehen. Schöne Ziele helfen dabei.

Demut

Taubertal 100, Oktober 2018

Ich trabe inmitten von 250 Gleichgesinnten, mit einer im Wind heftig zuckenden Fackel in der Hand, durch die mittelalterlichen, dunklen Kopfsteinpflastergassen von Rothenburg. Im Burggarten bekommen wir von einem wehrhaft gerüsteten Ritter hoch zu Ross den Auftrag, eine Botschaft in die weit entfernten Ziele Bad Mergentheim (50 km), Tauberbischofsheim (71 km), Wertheim (100 km) oder Gemünden (100 mi) zu überbringen. Den Ort und den tieferen Sinn dürfen wir selbst wählen, zwischendurch aufzuhören wäre aber unbedingt zu vermeiden und würde mit DNF („Darf Nicht Feiern") bestraft. Nach einem steilen, engen Abstieg ins Taubertal starten wir pünktlich um 6 Uhr. Wohltuend gemütlich sortiert sich nach und nach das Feld. Die Stirnlampen ermöglichen genügend Sicht, die Landschaft ist anfangs aber nur zu erahnen, die Strecke unvorstellbar lang, die Stimmung trotzdem gelassen. Ich denke an die Zeit, als ich Wochen nach der MS-Diagnose unglaublich glücklich war über einen ersten kurzen, wenige Minuten dauernden Lauf - auch damals ging es zu einem Schloss. Nicht weit, nicht schnell, aber wieder zurück im aktiven Leben. Nach einer Stunde kann ich die Stirnlampe abgeben, der beginnende Tag spendet ausreichend Licht. Alle 5 Kilometer gibt es Verpflegung. Der Veranstalter, der Sportler und erfolgreiche Buchautor Hubert Beck, legt großen Wert auf verträgliche basische Produkte. Bestens versorgt treffe ich bald einen lieben Landsmann. Wir vertreiben uns die Zeit mit Geschichten. Auch andere Läufer lerne ich kennen. Man sieht sich hier nicht als Konkurrenz, sondern als Schicksalsgenossen. Die Helfer sind sehr aufmerksam und ermöglichen zeitsparende Straßenwechsel auf der vorzüglich ausgeschilderten Strecke. Sie ist für den normalen Autoverkehr nicht gesperrt, aber da wir fast durchgehend auf dem Taubertal-Radweg laufen, ist dies kein wirkliches Hindernis. Bad Mergentheim – und damit die 50-km-Marke - erreiche ich nach 5:26 Std. Ich trabe langsam, aber noch kontinuierlich weiter. Es wird jetzt deutlich schwieriger. Ich greife in die psychologische Trickkiste und versuche, den Schmerz zu umarmen, denn heute will ich unbedingt ins Ziel. Lange Zeit marschiert ein älterer Athlet so dynamisch neben mir, dass ich trabend nicht schneller bin als er. Man merkt deutlich, dass er im Gegensatz zu mir über reichlich Erfahrung auf solch langen Distanzen verfügt. Nach 8:16 Stunden passiere ich erschöpft die Ziellinie in Tauberbischofsheim. 71 km, soweit, so gut. Jetzt lerne ich allerdings meine Botschaft kennen und die heißt: Demut. Ich werde charmant gefragt, ob bei mir alles noch in Ordnung ist, ob ich weiter laufen möchte. Das ist eine gute Frage. Vielleicht hätte ich aufhören sollen, doch irgendetwas in mir blendet heute die Vernunft komplett aus. Die letzten Tage waren außersportlich extrem fordernd, ich brauche unbedingt den mentalen Ausgleich, bejahe die Frage also rasch und haste weiter, ehe ich mir es anders überlegen könnte. Das erneute Anlaufen fällt mir immer wieder schwer, die Krämpfe und Schmerzen in den Oberschenkeln sind schon seit Stunden stark. Ein kleiner Junge meint zu seinen Eltern, als ich an ihnen vorbeilaufe: „Der ist aber langsam". Kindermund tut Wahrheit kund, grinse ich noch. Aber in so einer Phase wären mir wohlmeinende Schmeicheleien lieber. Ich registriere, welch traurige Gestalt ich wohl abgebe. Nach dem nächsten Hügelchen gebe ich die kümmerlichen Laufversuche auf und marschiere. Dabei schließe ich meine Augen, zähle bis 5 (was gerade noch so klappt), öffne sie erwartungsfroh: Mist, Mist. Hoffnung vertan. Ich liege nicht verträumt im Bett, ich bin wirklich unterwegs. Und wie! Das ist weder Wandern noch Gehen, eher ein mühsames Stolpern, jeder Schritt raubt mir den Atem. Wenn ich jetzt aufhöre, kassiere ich ein DNF. Das erste überhaupt, und doch ist es mir völlig egal. Ich kann nicht mehr. Die Last der letzten Tage und Wochen erdrückt mich, alles in mir ist ein einziger Krampf. An der einsamen Verpflegungsstelle bei Km 75 treffe ich Herzblatt. Ich will etwas trinken, das geht nicht, mein Kreislauf droht schlappzumachen. Zum Glück ist gerade eine Bank in der Nähe. Ich lege mich hin. Herzblatt hält meine Füße hoch. Ich mag nicht mehr. Ich sage ihr, dass ich aufhören werde. Ich habe keine Lust, zwischendurch umzufallen und es wären noch mindestens 5 Stunden Quälerei. Herzblatt macht alles mit, sie massiert mir die Beine, wodurch sich die Krämpfe etwas lösen. Auch der Kreislauf stabilisiert sich. Ich stehe auf, sehe Herzblatt in die Augen, fasse Mut, wanke weiter mit der Hoffnung auf neue Hoffnung. Mein Ego muss ich ausblenden, jetzt ist keiner mehr langsamer als ich, selbst Geher überholen mich. Es ist unvorstellbar, wie lang ein Kilometer sein kann. Ich kann an nichts denken, bin jenseits von Gut und Böse. Es ist einsam, ich summe und pfeife irgendwelche Lieder, Melodien. Etwas, dass ich sonst in 100 Jahren nie machen würde. Egal, es motiviert. Ich hatte schon einige krasse Aktionen, doch noch nie war ich so fertig. Wenigstens der Kreislauf ist stabil, sonst hätte ich aufgehört. Meine krampfende Oberschenkelmuskulatur ist übersäuert, ich schwanke mehr als dass ich gehe, kein Wunder, dass meine GPS-Uhr immer größere Zeiten zwischen den KM-Markierungen anzeigt. Die Landschaft wird hügelig, wobei es für mich bergauf weniger schwierig ist als bergab. KM 90, zum Glück habe ich meine Stirnlampe wieder. Sie strahlt zwar nicht sehr hell, aber es genügt, sonst wäre es im dunklen Wald doch heikel. Ich hoffe, dass sie nicht ausgeht und versuche mich deshalb etwas zu beeilen. Bei km 95 gibt es eine erste Cola, die soll mich aufputschen. Immer noch werde ich überholt, wenn auch selten. Die Mitstreiter sind allerdings schnell wieder weg. In Wertheim wartet Herzblatt, kommt mir entgegen, begleitet mich die letzten Meter, ich schwanke unterhalb der Burg über die Ziellinie und erhalte nach 14:26 Std. den ersehnten Ritterschlag für die 100 km. Sportlich war es ein Desaster, ich hatte reichlich Gelegenheit, Demut zu lernen. Und doch beschleicht mich auch ein kurioser Gedanke: „Ich kann immer noch Blödsinn machen, wenn ich Lust darauf habe."

Die Macht der Leere

Besonders in der Vorbereitung auf den 100er-Lauf mit etlichen sehr weiten Läufen durfte ich die Macht der Leere kennen lernen. Wenn der Kopf, belastet mit aktuellen Problemen oder Fragen, auf die Stimmung drückt, die inneren Dämonen lauern, gibt es für mich ein höchst wirksames Allheilmittel. Ich muss aktiv werden und am besten hilft mir zu laufen. Die frische Luft wirkt zusätzlich, das ist wirksamer und günstiger als jedes Medikament. Bin ich anfangs noch erschlagen von der Last des Alltags, so atme ich fortdauernd immer freier, fasse Mut. Es dauert meist nicht lange, bis einige geniale Ideen nur so herbeifliegen, das Negative wird in den Hintergrund gedrängt, Probleme wandeln sich in Herausforderungen, später in Lösungen. Ich muss sie mir nur rechtzeitig für die Firma oder für daheim merken, denn am Ende des Laufs, wenn es richtig zäh wird, kommt eine herbe Lernphase für den Körper. Die neue Distanz zu meistern ist hart, das erfordert konsequentes Durchhaltevermögen.

Am Ende wartet dafür eine doppelte Belohnung. Zum einen wird der Körper, so bequem er gerne sein möchte, in den nächsten ruhigen Tagen Anpassungen vornehmen, um zukünftig für ähnlich radikale Herausforderungen besser gewappnet zu sein. Zum anderen ist in der Endphase solch extremen Sports ein effektives Denken nicht mehr möglich. Es gibt dann nur noch mich, den Lauf und den Wunsch zu finishen. Dies bietet allerdings auch den enormen Nutzen, dass sich mein Kopf vollständig von negativen Gedanken befreit. Gerade bei Krankheiten wie der MS, die belastend auf die Seele drücken können, ist dies ein unschätzbarer Pluspunkt und sicherlich wesentlich gesünder als ein Vollrausch.

Vernünftig war gestern, ist morgen
24-Stunden-Lauf von Heilbronn, März 2019

In den vergangenen Wochen und Monaten war ich oft nervlich fertig, fühlte mich getrieben. Doch die familiäre Burg hält, und ein Traum flimmert ganz zart im Hintergrund, so unwahrscheinlich, dass ich ihn bei meinen Bekannten gar nicht erwähne. Die letzten Tage bessert sich endlich der Wahnsinn, und auch die Wetterstürme pausieren genau zum richtigen Zeitpunkt. Ich fahre doch tatsächlich zum 24-Stunden-Lauf nach Heilbronn. Verrückt. Von Anfang an ist klar, dass ich nur bei Tag laufe. Ich will es nicht ganz übertreiben, meine MS verhält sich ruhiger, wenn ich zwischendurch mal abschalten kann. Als ich ankomme, sind alle Parkplätze belegt, deshalb halte ich auf einer Anhöhe. Eigentlich ist das nicht so schlimm, wird aber noch Folgen haben, wie ich später feststellen werde. Pünktlich um 11 Uhr startet der Spendenlauf. Es gilt, eine fast 2,5 km lange Runde mit drei Brücken möglichst oft zu durchlaufen, zu walken, zu wandern oder zu kriechen. Hauptsache, man kommt vorwärts. Für jede Runde spendet man einen Euro für ein Dorfprojekt in Nepal. Der Regen hat sich noch rechtzeitig verzogen, aber der Wind bläst jetzt frisch bis stürmisch. Für mich ist das heute egal. Ich bin in einer gefährlichen Stimmung und laufe ambitioniert los, 10 km in 1:01 Std. Unterwegs sehe ich einen Barfußläufer sowie einen Mann, der einen Baumstamm trägt. Dafür schleppe ich die MS mit mir, mitunter auch keine leichte Last. Nur jetzt gibt sie Ruhe, ist ganz still. Es läuft nicht gerade locker, aber heute will ich nicht nachgeben und beiße. Nach 40 km in 4:04 Std. wird mir klar, dass ich für das Tempo büßen werde, aber ich kann nun mal nicht anders. Zuviel ist in den letzten hektischen Wochen auf mich eingeprasselt. Dafür will ich heute unbedingt meinen Willen durchsetzen. Natürlich entpuppt sich dies als dämlich, besonders, da mir meine Eigenversorgung ausgeht. Die zweite Flasche hatte ich beim Auto gelassen. Fremdversorgen oder einen Umweg machen?

Nach einigen Runden Grübelei ächze ich den steilen Hügel hoch und schleppe die Literflasche über fast die gesamte Runde, da ich es noch ärgerlicher empfinde, den langen Weg zur Verpflegungsstelle zurück umsonst zurücklegen zu müssen. Dabei komme ich komplett aus dem Rhythmus und erwache in der Realität - 50 km in 5:12 Std., meine zweitbeste Zeit überhaupt. Nur ist jetzt keineswegs Schluss, nichts mit Kuchen, Feiern oder Ausruhen. Nein, schade, aber auf dem letzten Zahnfleisch muss es weiter gehen. Mittlerweile schwitze ich immer mehr, die leichte Ersatzkleidung ist natürlich auch im Auto. Mein Tempo sinkt rapide, alles schmerzt. Ich will und kann doch nicht. Die 60 km erreiche ich noch in 6:24 Std. Ein Rest Vernunft souffliert mir, dass ich anschließend ausnahmsweise ohne Herzblatt selbst noch heimfahren muss. Als ich dann erstmals die steilste Brückenrampe nicht mehr im meinem Schlenderstil hoch eilen kann, zieht es mir den Stecker. Nach der angefangenen Runde und 63,7 Km in 6:52 Std. höre ich auf, schwanke zum Auto, lege die Füße hoch, beruhige den Kreislauf, massiere meine Muskeln. Nach einer Pause fahre ich dann vorsichtig heim. Bin ich zufrieden? Eigentlich wollte ich 3 Runden mehr laufen und am Sonntagmorgen eventuell etwas zulegen. Daheim kann ich vor Aufregung nicht schlafen, versuche die Muskeln zu lockern. Soll es so enden? Kommt nochmals so eine Chance? Kann ich in wenigen Stunden überhaupt wieder traben? Zum Glück hatte ich gerade diesen Effekt an den letzten Wochenenden trainiert. 2 lange Läufe an 2 aufeinander folgenden Tagen, immer etwas länger. Das Pferd springt eben nicht höher, als es muss. Also muss es. Um 4:20 Uhr stehe ich müde auf, schwanke ins Bad, frühstücke. Ich muss ohnehin nach Heilbronn, mich abmelden und zahlen. Vielleicht kann ich wenigstens noch die 3 eigentlich für den Vortag geplanten Runden irgendwie überstehen. Es ist nebelig, frei zu fahren, ich kenne jetzt den Weg, parke wie gestern, habe diesmal wenigstens eine Kiste dabei, stolpere zum Start. Ganz vereinzelt sind noch Athleten unterwegs, fast alle gehen. Erstaunlich, dass sie die Nacht durchgehalten haben. Ich versuche zu traben, die Muskeln beschweren sich sofort, wollen ihre Ruhe. Die Stimmung ist dafür grandios. Eine neblige Morgendämmerung am Fluss, eiskalte Luft, ein Gefühl von Freiheit. Die trüben Gedanken verwehen, mir wird es warm ums Herz. Wie meinte Carolin: „ Alles kann, nichts muss." Ich darf und ich will. Ich trabe, die Oberschenkelmuskulatur blockiert, doch meine Waden sind einsatzfähig. Ich erhöhe die Schrittfrequenz leicht, bleibe mit den Füßen ganz dicht über dem Boden, es läuft doch. Der engagierte Streckensprecher ist erstaunt, dass um die Zeit noch oder schon wieder einer läuft, das motiviert. Ich will und noch kann ich auch. 3 Runden, 70 km geschafft, weitere 4 Runden, 80 geschafft. Vielleicht noch 2, das ist überschaubar, dann wäre es ein doppelter Marathon. Irgendwann ist auch das geschafft. Das üppige Frühstück ist mittlerweile verdaut, jetzt verstoße ich gegen meine sonstigen Ernährungsgewohnheiten und greife zu den reichlich angebotenen Schokostückchen. Superlecker, über die Mundschleimhaut aufgenommen rasch Glücksgefühle auslösend. Noch 2 Runden, mein Schnitt von 7:10 min pro km hält, 90 km sind geschafft. Noch ist Zeit bis zum Zielschluss, also weiter, es wird hart, hart für meinen Schweinehund, dafür kriegt er Süßes, so viel wie seit Jahren nicht. Ich will ins Ziel, noch 2 Runden. Ich muss aufpassen, nicht zu lange stehen zu bleiben, sonst ist es aus mit einem Neustart, 95 Km durch. Weiter, die Uhr tickt, jetzt übernimmt die bisher erreichte Strecke die Gefühlskontrolle. Ich will es mir nicht mehr nehmen lassen. Die letzte Runde, ich bin tatsächlich im Ziel, eine grenzenlose Erleichterung bemächtigt sich meiner. Ich hätte es nie geglaubt, doch ich bin in den 24 Stunden doch tatsächlich etwas über 101 km gelaufen, zudem in einer für mich absolut unvorstellbaren Nettozeit von 11:16 Stunden. Jetzt bin ich zwar muskulär in den Beinen völlig platt, auch ordentlich mit Blasen versehen, aber mental erstaunlicherweise wieder im Lot.

Ist der Ruf erst ruiniert, läuft es sich gänzlich ungeniert

Nachdem ich aufgrund von heftigen Schneefalls nicht an dem traditionellen 50-km- Ultramarathon in Rodgau Ende Januar teilnehmen konnte, verschob ich meinen Rekordversuch für 50 km Laufen auf meine heimische Trainingsstrecke. Sie ist sehr flach, hat wenige Kurven, eignet sich also bestens für schnelle Zeiten. Mir kam auch sehr entgegen, dass ich den Tag und Zeitpunkt des Starts selbst bestimmen konnte, Anfahrt und Übernachtung waren auch nicht nötig. Jeglicher Stress entfiel. Das Resultat mit einer neuen Bestzeit von 4:56 Std. bestätigte mich. Zwanglos läuft es sich einfach besser. Ohne MS wäre so eine Aktion früher unvorstellbar gewesen. Lange Jahre musste ich erst einmal meine Form aufbauen. Im Alter von 34 Jahren war ich an meinen körperlichen Tiefpunkt angelangt und begann meine Laufabenteuer äußerst moderat mit ca. 2-3 Kilometer Traben. Als ich später einmal die 5 Kilometer lange hügelige Strecke zur nahegelegenen Burg Hornberg an einem Stück lief, war ich stolz wie Oskar und wurde daheim entsprechend gefeiert. Dieses Jahr lief ich im Training 60 Kilometer und durfte daheim erst noch einige Treppen steigen, die Wäsche abhängen und den Bioabfall raustragen. Ist der Ruf erst ruiniert...

Nach einigen Jahren Aufbautraining waren die damals in ambitionierten Läuferkreisen üblichen 35 km die absolute Obergrenze im Training. Warum eigentlich, fragte ich mich im letzten Jahr. Welchen Unterschied machen diese schlappen 7 km? Ich sah keinen triftigen Grund, also wollte ich auch einmal vor Ort einen Marathon wagen. Ich lief anfangs weder schnell noch locker, spürte nach den üblichen 2 Tagen allerdings auch keine besonderen Nachwirkungen. Weitere lange Läufe folgten, mal schneller, mal kämpferischer. Bald war mein Leitspruch: „42 ist die neue 35". Früher schlicht undenkbar.

Lauernd

Ich bin verärgert, frustriert. Kann eine lebenslange Beziehung so arg auseinander driften? Bin ich schuld? Ja, wurde mir am Mittwoch mitgeteilt. Ich hätte nicht mein Bestes getan, wäre zu selbstsicher, zu bequem gewesen.

Doch gerade in den letzten Wochen und Monaten hatte ich das Gefühl bei dem Dauerstress, dass meine Ziele wieder greifbar nahe wären. Nichtstun, sich im Rollstuhl umsorgen lassen und viel Geld für harte Medikamente ausgeben. Fast 6 Jahre ist es her, als unsere Beziehung schriftlich fixiert wurde. Mit mir war sein Leben nicht mehr wie zuvor, geriet aus dem Gleichgewicht, auch der Alltag war ohne Balance. Ich lehrte ihn, die einfachen Dinge wieder zu schätzen. Aufstehen ohne Schwindel, auch mal pausieren und innehalten. Doch dann kam die Verführung.

So wie gestern. Da schlich er sich noch im Dunkeln einfach aus dem Haus. Ich war abgelenkt und zu müde, um mich zu wehren, zu protestieren, ich musste mit.

Er lief. Einfach so, ohne Ablenkung, Musik oder Zuschauer. Er lief einfach nur und immer weiter. Ich merkte, wie ich die Kontrolle über ihn verlor. Innerlich richtete er sich auf, grinste die Sorgen weg, lief und lief mir davon. Am Ende war ich erschlagen, müde, völlig fertig, doch er murmelte, Marathon trotz Nebensaison in 4:24 Stunden, 200 Höhenmeter, schnellere zweite Hälfte. Was soll das bedeuten? Interessiert doch keinen.

Mein Fiasko hatte sich bereits am Mittwoch angebahnt, als ein Weißkittel dozierte, ich hätte seine Werte nicht verschlechtern können, es gäbe keinen neuen Schub. Dabei nimmt der Kerl nicht einmal Medikamente. Ich habe schändlich versagt. Für heute muss ich mich zurückziehen. Doch ich komme wieder, keine Frage. Ich warte nur auf die nächste Schwäche.

(Eine lauernde MS)

Alle paar Monate steht eine Kontrolluntersuchung an, quasi der TÜV bei der MS. Hier wird im MRT untersucht, ob sich neue Entzündungsherde gebildet oder bestehende sich vergrößert haben. Dies würde dann auf einen neuen Schub hindeuten. Auch wenn ich das Jahr über nahezu täglich an meine lebenslange Partnerin denke, so sind es so gut wie nie böse Gefühle. Ich akzeptiere gewisse Einschränkungen, dafür lässt sie mir immer noch die Chance, meine Träume zu leben. Was will man mehr? Wenn ich dann in der Röhre liege, ist es allerdings schwierig, sich gegen die aufkommende Grübelei zu wehren. Es bleibt gleichermaßen spannend wie ungewiss. Dummerweise gibt es nämlich bei der MS die Eisbergthese, die besagt, dass sich die Entzündungsherde im Innern unbemerkt aufbauen können und der Patient es mitunter gar nicht merkt. So eine Art Titanic-Effekt. Tradition kann bedeuten, etwas so lange zu machen, bis man nicht mehr weiß warum. Hier ist mir der Grund allerdings völlig klar. Solange sich weiterhin keine negativen Veränderungen ergeben, werde ich meine Regeln nicht ändern. Da ist es wieder: „Never change a running system." Sport mit Spaß sowie meinem Jungbrunnen, der Challenge Roth als stets neues Ziel und Herausforderung, eine angepasste Ernährung, ein vernünftiges Stress-Management sowie ein ausreichend hoher Vitamin-D-Spiegel. Vitamin D ist auch das einzige Nahrungsergänzungsmittel oder Medikament, das ich regelmäßig nehme. Auch für Gesunde kann es angezeigt sein, den Vitamin-D-Spiegel bestimmen zu lassen. Meiner war am Anfang der Messungen, wie oft in unseren Breiten, zu niedrig. Dann könnte das Immunsystem darunter leiden. Ich bin bei meinen Regeln ziemlich konsequent. Man kann nie wissen, ob die scheinbar harmlose, einmalige Ausnahme nicht den berühmten Tropfen erzeugt, der das Fass zum Überlaufen bringt. Das will ich nicht riskieren.

3 Ironman in 7 Wochen- Stolpern, Fallen- Aufstehen
Hannover-Limmer 02.06.2019

Der frühe Termin Anfang Juni war einer der Gründe, mal beim Triathlon in Limmer zu starten. Damit verband sich auch die Hoffnung, bei meiner 13. Langdistanz endlich einmal angenehme, MS-taugliche frische Temperaturen vorzufinden. Die aktuelle Wettervorhersage kündigte einen abrupten Temperatursprung auf 32 Grad an und machte allen vorherigen Überlegungen einen dicken Strich durch die strategische Rechnung. Ein Wetterumschwung ist für Betroffene mit MS leider oft ziemlich belastend.

Um 2 Uhr war für mich die Nacht vorbei, doch zum Glück hatte ich mich zuvor länger und gut ausgeruht. Noch guten Mutes schiebe ich am Sonntag früh das Rad von der Unterkunft zum Start. Limmer ist bezüglich des Umfelds wirklich vollkommen stressfrei; das Auto muss nicht bewegt werden. Nach den üblichen Startvorbereitungen lasse ich mir von Yvonne den Neo schließen. Als ich im 19 Grad kühlen Wasser auf das Startsignal warte, bekomme ich kurz Schnappatmung. Ich ahne jetzt noch nicht, wie sehr ich mir dieses Gefühl im Verlauf des Tages wieder herbeisehnen werde. Nach dem Start im Lindener Stichkanal kraule ich zügig und achte auf konstante Züge, ohne die Intensität zu übertreiben. Immer wieder streifen mich Algen, der einzige Nachteil der sonst sehr schönen Schwimmstrecke. Später erfahre ich, dass ich 1:17 Stunden gebraucht habe, ein persönlicher Rekord seit der MS-Diagnose. Am Ende wird mir von starken Armen aus dem Wasser geholfen, ich trabe lange, bis ich zu meinen Sachen gelange, die ich zuvor auf einen Rasenplatz abgelegt hatte. Wie üblich, wechsele ich langsam, zumal ich allein 1-2 Minuten benötige, um die Algenreste von meinem Chip zu entfernen. Gemütlich steige ich danach auf das Rad und brauche eine gefühlte Ewigkeit, bis die Schuhe in die Klickpedale einrasten. Eigentlich darf ich mich nicht wundern, denn in den letzten 10 Monaten habe ich gerade mal 2 Ausfahrten mit dem Zeitfahrrad unternommen. Der Bikekurs ist hier fast so schnell wie jener in Regensburg. Auf das kleine Kettenblatt zu schalten ist aus meiner Sicht unnötig. Selbst die gut zu fahrende Strecke der Challenge Roth hat ein Dutzend giftigere Hügel. Der Stemmer Berg erweist sich als überraschend harmlos, ebenso die Kopfsteinpflasterpassagen. Lediglich bei der offenen Landschaft ist zu erahnen, dass ich bei starkem Wind ordentlich wackeln werde. Die erste 30-km-Runde absolviere ich tatsächlich in Aeroposition und brauche dafür knapp 59 Minuten. Für die zweite Runde etwa eine Stunde, dann frischt der Wind deutlich auf. Heiß ist es schon die ganze Zeit, doch der Fahrtwind sorgt kaum für Kühlung. Nachdem mich einige Böen heftig durchgeschüttelt haben, traue ich meinen Reflexen nicht mehr und wechsle vorsichtig in den Obergriff auf die Aerobremsen. Für diesen Fall hatte ich vorgesorgt und mir in der Wechselzone gepolsterte Kurzfingerhandschuhe angezogen. Die nächsten beiden Runden kann ich trotzdem wieder jeweils in rund einer Stunde fahren. Doch jetzt nimmt ein mittleres Drama seinen Lauf und ich bin auch noch selbst schuld daran. Die gnadenlose 13 schlägt zu. Ich hatte den Dosierlöffel für meine Eigenverpflegung daheim vergessen und musste mir mein Spezialgetränk mehr oder weniger nach Gefühl anrühren. Die „Pampe" wurde zu intensiv, zumindest für die heißen Temperaturen. Energie habe ich zwar reichlich, aber das Durstgefühl nimmt zu, ich dörre aus. In Roth hätte ich am Anfang einer langgezogenen Verpflegungsstelle notfalls eine Flasche Wasser aufnehmen können, große Schlucke getrunken und am Ende wieder entsorgt. Littering, d.h. Abfall außerhalb bestimmter Zonen zu entsorgen, ist berechtigterweise streng verboten und wird mit Disqualifikation bestraft. In Limmer müsste ich deswegen stehen bleiben, das will ich aber nicht, auch wenn ich ahne, dass ich es büßen werde. Eine Negativspirale beginnt. Es ist bereits zu spät, als ich nachher doch noch eine Flasche Wasser aufnehme, bevor mir

Herzblatt an der zweiten VP wieder meine Pampe reicht. Meine Konzentration lässt nach, das Sitzen wird unangenehm schwer. Immer wieder gehe ich aus dem Sattel, lüfte meinen Hintern, versuche im Wiegetritt voran zu kommen. Es wird drückend heiß. Und doch fällt mir nichts Besseres ein, als zu treten und treten. Für die fünfte Runde benötige ich wieder eine Stunde, doch jetzt kippt meine Laune. Die einsamen Runden am Anfang fand ich super, ich brauche keine Massen um mich. Es ist für mich entspannter zu fahren, wenn ich nicht Zentimeter genau darauf achten muss, in der Spur zu bleiben. Ich breche ein, traue mich mittlerweile nicht einmal mehr, die Flasche zu greifen, verkrampfe und werde unsicher. Erneut ist der Gedanke da, nur irgendwie das Rad zurückzubringen. Als ich die sechste Runde in ca. 1:05 Std. absolviert habe, stehen für die 180 km 6:05 Std. zu Buche – das ist für mich immer noch sehr gut. Zurück in der Wechselzone, trinke ich erst einmal ausgiebig und trabe dann gemächlich los. Mit gemischten Gefühlen sehe ich mir bekannte Athleten am Streckenrand stehen, die ausgestiegen sind. Einerseits bin ich froh, sie zu sehen und dankbar für die Aufmunterung, andererseits bin ich traurig, dass sie nicht weiter konnten. Auch für mich ist mein erstes DNF allmählich im Bereich des Möglichen. Ich bin platt, nicht so sehr muskulär, schließlich blieb ich auch auf dem Rad stets im GA1 Bereich, aber die Luft ist so stickig, dass man kaum atmen kann. Herzblatt steht in der Nähe vom Ruderhaus, wo man zwei Mal pro Runde vorbeiläuft. Beim ersten Treffen trinke ich ausgiebig den mitgebrachten Sprudel, trabe weiter. In der Runde um die Herrenhäuser Gärten gehe ich völlig ein, die Sonne brennt unbarmherzig, ich fühle mich geröstet. Dort gibt es keine Schwämme, keinen Schatten, ich sehe mich verdunsten, kann nicht mehr. Doch die nächste Begegnung mit Herzblatt lockt und zieht mich weiter, ich will zu ihr, erreiche sie. Susanne, meine Schwester im Geiste aus dem Forum, ist auch extra zur persönlichen Anfeuerung gekommen. Zwei so atemberaubende Frauen sind zu viel für mich, das werde ich später als Ausrede benutzen. Mein Kreislauf protestiert, mir wird schwindlig, also lege mich zuerst in den aufblasbaren Sessel von Herzblatt, dann auf den Boden, die Füße hoch. Zum Glück kennen sich beide hier gut aus. Herzblatt schüttet kaltes Wasser über mich, reicht mir viel zu trinken. Beim Ausruhen denke ich: „War es das? Höre ich auf?" 35 km müsste ich noch gehen, falls ich überhaupt wieder hochkomme. Ich bin skeptisch, glaube nicht mehr an mein dreizehntes Finish. Aber dann hätte ich beim nächsten Mal schon wieder das gleiche Theater mit der verflixten 13. Wozu soll ich mich noch quälen? Selbst Daueroptimistin Herzblatt ist skeptisch. In diesem Moment läuft, ja sprintet fast Franzi in ihrem kämpferischen Stil an uns vorbei. Schlagartig erinnere ich mich an meine stärkste Waffe im Leben mit der MS. **Aktiv werden für den Spaß beim Sport** oder heute eben den Spaß am späteren Erzählen. Etwas schneller oder langsamer zu sein ist für mich keine Motivation, aber am Boden gelegen zu haben und dann doch noch zu finishen, das wäre eine exzellente Story. Jetzt habe ich mein Motto, mein heutiges Ziel.

Beim Aufstehen bekomme ich fast einen Krampf, doch der vergeht. Ich probiere einfach, wieder zu laufen, schließlich muss ich sowieso Richtung Ziel. Allerdings brauche ich für diesen einen Kilometer elendig lange 18 Minuten. Am Kanal ist es zum Glück wenigstens kurz etwas schattiger. Ich versuche zu traben, es klappt, meine langjährige Ultralauferfahrung macht sich bezahlt. Immer wieder lasse ich mich aufmuntern, klatsche später nochmals Susanne ab, trabe weiter, setze mir kurze Zwischenziele. Zum Glück gibt es pro Runde ca. 3 Möglichkeiten zum Bewässern durch aufgestellte Schläuche. Ich stelle mich davor und lasse mich ausgiebig und komplett nassregnen -wie in den amerikanischen Gefängnisfilmen. Herrlich, es hilft. Mein Kreislauf bleibt stabil. Weiter, weiter, zwar deutlich lahmer, doch immer noch im Trabtempo, versuche ich mir das Gefühl im Ziel vorzustellen. Es dauert ewig, doch endlos lange Zeit später biege ich in die vierte und letzte Runde ein. Noch glaube ich nicht wirklich an ein Finish. Der Kreislauf meldet sich wieder alarmierend, über meine Energieversorgung habe ich komplett die Übersicht verloren, habe das Gefühl, zu viel intus zu haben. Mein Kreislauf streitet sich wohl gerade mit meinem Magen, wer die letzten Reserven erhält. Das Fettdepot ist groß genug, der Kreislauf hat Vorrang. Ich verzichte auf weitere Energiezufuhr, trage zur Sicherheit ein Notfallgel in der Hand und wechsle bei KM 34 ins Gehen über. Als letzte Notfallmaßnahme fange ich an, ganz leise Lieder zu summen, wie bei meinem 100-km-Lauf. So vergesse ich nicht das kräftige Atmen und die Zeit vergeht subjektiv auch schneller. Ich riskiere nichts mehr und finishe nach 13:25 Stunden. So langsam wie nie und doch unglaublich froh und erleichtert, es wieder einmal geschafft zu haben.

Wichtig ist für mich, trotz allem Enthusiasmus meine Träume nicht zu engstirnig durchzuziehen. Die Familie muss geschlossen dafür sein, die sozialen Verpflichtungen dürfen nicht darunter leiden. Früher stimmten wir jeweils im Familienrat ab, ob ich eine weitere harte Langdistanz wagen solle. Obwohl ich mich, noch ohne den Druck der MS, einmal selbst enthielt, fiel das Ergebnis positiv aus. Auch einmal egoistisch sein zu dürfen, gibt mir dafür die Stärke, später umso mehr zurückgeben zu können.

Ist das Ziel klar, sollte auch eine Bestandsaufnahme durchgeführt werden. Was sind meine Stärken? Was kann ich einsetzen? Erst wenn ich die Richtung kenne, lohnt es sich loszulaufen. Zu schnell und ohne Orientierung los zu hetzen, würde nur das Risiko heraufbeschwören, als Gescheiterter zum Ausgangspunkt zurückkehren zu müssen.

Der Traum ist der Weg zum Ziel

„Was willst du wirklich?", ist eine häufig gestellte Frage in der kurzweiligen Fernsehserie „Lucifer". Den Angesprochenen bleibt nichts anderes übrig, als sie ehrlich zu beantworten, so schonungslos es auch sein mag. Nun, dies gilt ebenso im echten Leben. Der Wunsch muss zu mir passen und ich muss ihn wirklich wollen, ohne Vielleicht oder Falls. Dieser Traum muss nicht vernünftig sein, oft eher ganz im Gegenteil, darf er gerne verrückt erscheinen, spannend, reizvoll und hervorragend dazu geeignet, um sich später daran schmunzelnd zu erinnern. Die objektive Höhe spielt dabei keine große Rolle, das subjektive Gefühl ist wichtiger. Es muss keinesfalls eine Langdistanz sein. Auch kleinere Wünsche können inspirieren.

Wann fing ich an, an die Macht meiner Träume zu glauben? Als ich die Liebe meines Lebens sah und hoffte, dass sie genauso empfand? Nach der Bestätigung sicherlich. Oder noch früher? Während diese Zeilen entstehen, versuche ich mich zu erinnern. In der Jugend war ich zurückhaltend, der Glaube an die Kraft des Wollens noch nicht so ausgeprägt. Beim Schach? Ja, das half auf jeden Fall. Lange traute ich mir nicht mehr zu, als daheim mit Freunden lockere Partien zu spielen. Von einem Verein wollte ich zunächst nichts wissen. Da spielen doch sicherlich die richtig Guten, dachte ich. Unentschlossen, ob ich dazu gehören könnte, lieh ich mir in der Stadtbücherei das „Schachspiel" von Siegbert Tarrasch und studierte es daheim, wie von ihm gefordert, ein halbes Jahr, bevor ich mich in den Schachclub wagte. Bei den Blitzpartien mit lediglich 5 Minuten Bedenkzeit kiebitzte ich anfangs beim amtierenden Badischen Meister und studierte seine Partien, während andere sich spaßhaft austobten, aber so eben auch ihre Verbesserungsmöglichkeiten nicht sahen. Mein Konzept ging auf, überraschend gewann ich mein erstes größeres Turnier. In den darauffolgenden fast 30 Jahren lernte ich beim Schach viel für das Leben und durfte mehr Erfolge feiern, als ich jemals zu hoffen gewagt hätte. Mit jedem Sieg steigerte sich das Vertrauen in die neu gewonnenen Fähigkeiten, in Schritten zu denken, selbstkritisch zu analysieren, sich auf das Wesentliche konzentrieren zu können, etwas zu wagen, aber immer mit Blick auf das Ziel. Ich merkte, dass sich diese Erkenntnisse auch bestens auf das restliche Leben übertragen ließen. Gab es noch früher eine Wende? Vielleicht, eine Laune des Schicksals, völlig unbedeutend im Makrokosmos, aber für mich möglicherweise weichenstellend.

Basketball Klasse 8a1 gegen 8a2. Als seine Mannschaft nur einen Punkt Rückstand hat und die Uhr unbarmherzig die letzten Sekunden der Spielzeit runterzählt, bekommt Matthias den Ball. Der talentierte Spieler steht mit dem Rücken zum Korb, umringt von den muskulären gegnerischen Goliaths, blickt zum Schiedsrichter, der schon die Pfeife Richtung Mund führt. Mit traumwandlerischer Sicherheit wirft Matthias mit beiden Händen den Ball rückwärts in die Höhe. Der Ball senkt sich in einer genau berechneten Flugkurve Richtung Korb. Die Zeit scheint still zu stehen, mit offenem Mund starren alle, kein Pfiff ertönt, der Ball fällt sicher in den Korb. Die entscheidenden 2 Punkte. Sieg, Weltherrschaft, Jubel, Emotionen, Sportgeschichte.
Um der Wahrheit die Ehre zu geben: Außer den Beteiligten dürfte niemand von diesem, nur für mich historischen Moment, Notiz genommen haben. Eine Minute später war er für alle anderen bereits wieder vergessen. Beim ungeliebten Basketball konnte ich überhaupt keine besonderen Fähigkeiten vorweisen. Der Rückwärts-Wurf war keinesfalls spektakulär, sondern eher unmotiviert und planlos. Aber er traf wirklich, er drehte das Spiel, der Jubel war echt. Eine Laune des Schicksals, ein Glücksmoment. Sport macht Spaß, Gewinnen noch mehr, im Team erst recht. Mit einem neuen Lehrer hielten dann „Wilde-Kerle-Spiele", Medizinball- oder Bodenrugby u. ä. Einzug in den Sportunterricht. Sie erforderten wenig Talent, aber Hingabe,

Ausdauer und Einsatz, waren also bestens geeignet für einen aktiven Jugendlichen wie mich. Ich begann an mich und die Kraft des Willens zu glauben. Mein Selbstvertrauen stieg erstmals deutlich, doch fortan über den Denksport, das Schach immer stetiger an.

Über 25 Jahre später musste ich leider erfahren, dass die Träume auch zum Lebensabschnitt passen müssen. Ständig ohne Pause überall und immer Vollgas zu geben, kann selbst ein scheinbar Unverwüstlicher nicht ewig durchhalten. Lange ignorierte ich erste Anzeichen, wie die bereits erwähnten Gleichgewichtsstörungen. Ausfallzeiten passten einfach nicht in mein Konzept. Die MS lehrte mich schließlich auf buchstäblich umwerfende Weise, dass das Wollen allein nicht genügt. Entscheidend neben einem attraktiven Traum ist ebenso, dass der Weg zu seiner Realisierung genau mit mir und den vorhandenen Randbedingungen harmonisiert. Nur, wenn ich beim Vorwärtskommen Spaß habe, gewinne ich täglich mehr Freude im Leben. Die mitunter drückenden Alltagssorgen relativieren sich. Dies wiederum steigert die Motivation. Eine Aufwärtsspirale fängt an sich zu drehen. Selbst ein innig erträumter Wunsch führt nur über einen gefälligen Weg zum für mich idealen Ziel. Der Kreis schließt sich. Oder könnte von neuem beginnen. Mit den Erfahrungen, auf welchem Weg ich die tägliche mentale Entlastung am schönsten empfand, kann ich mir das nächste Ziel umso ausgefeilter wählen. Falls ich merke, dass das geplante Training, der Weg, mir nicht gefällt, passe ich das Ziel an. Beispielsweise wollte ich Anfang 2014 eigentlich meine Unterdistanzzeiten beim Laufen verbessern. Die Temperaturen gestalteten sich allerdings fortdauernd frostig. Für mich zu kalt und zu ungemütlich, um mit Atemnot zu trainieren. Ich empfand bei langen ruhigeren Läufen mehr Spaß und änderte deswegen meinen ursprünglich angepeilten Wunsch lieber in das geeignetere Ziel, einen Marathon, meine anfangs geschilderte „Rosterfahrung" in Kandel.

Ich bin ich und nicht jemand anderes

3 Langdistanzen in 7 Wochen war mein Traum im Sommer 2018. Warum das? Ich war in einer Phase, in der ich dringend Ablenkung durch die Vorfreude auf ein ganz besonderes, ein spektakuläres Ziel herbeisehnte. Nur mit einem außergewöhnlich hohen mentalen Ausgleich sah ich eine Chance, um angesichts überbordender Alltagssorgen, mein inneres Gleichgewicht wiederzufinden. Einen Startplatz zu erhalten war die erste Hürde. Dies galt nicht für Limmer, hier konnte man sich noch lange Zeit anmelden, auch nicht für Zürich. Die Schweiz würde lediglich mein Budget arg strapazieren. Dank dem freundlichen Entgegenkommen von IROMAN durfte ich zum Glück sogar bei der ersten günstigsten Preisstaffel einchecken. Sich erfolgreich für Roth zu melden, erweist sich traditionell allerdings als eine größere Hürde. Da meine Nerven die Online-Anmeldung nicht ausgehalten hätten, standen Herzblatt und ich geduldig am Morgen nach dem Rennen 2018 vor Ort in der Warteschlange für einen Startplatz. Stunden später war auch dies geschafft. Den Urlaub beantragte ich frühzeitig. Wichtig war für mich vor allem auch eine passende Unterkunft zu finden. Ein möglichst stressfreies Umfeld ist für mich mittlerweile Weichen stellend. In Roth genießen wir schon seit Jahren eine gemütliche Unterbringung bei einer gastfreundlichen Familie. Für Limmer und Zürich fand ich bezahlbare Hotels in der näheren Umgebung. Spannend würde sein, wie ich die längeren Autofahrten verkraften würde. Mit MS stresst mich dies deutlich mehr als ohne. Einzig frühmorgens ohne viel Verkehr unterwegs zu sein und mit der Möglichkeit, danach zu ruhen, kann es gelingen.

Wie trainiere ich jetzt für 3 Langdistanzen? Nun, erst mal gewohnt mit viel Spaß am Aktivsein. Das Schöne ist, dass ich auf diese Art und Weise nicht viel riskiere. Ich erhalte bereits täglich meine Belohnung durch das bessere Gefühl nach dem Sport, abgerundet durch den leckeren Kuchen meiner Mutter. Die negativen Gedanken, meine Dämonen, sind abgelenkt, liegen in den Seilen, geben Ruhe. Zurück zur sportlichen Inventur, was kann ich aufweisen? Ich verfüge über langjährige Erfahrungen im Ausdauersport, erhole mich erstaunlich schnell, ein Vorteil des überschaubaren Tempos und der angepassten Intensität. Der Samstag steht mir meist frei zur Verfügung, ideal für eine vernünftige Wettkampfsimulation, später lange, bis sehr lange Einheiten. Dies wird in der Sportliteratur oft anders empfohlen, aber ich finde für mich gefährlicher, wenn ich mich erst am wichtigsten Tag an eine zu krasse Steigerung wage. Hohe Intensitäten, die bei ambitionierteren Athleten auch eine wichtige Grundlage bilden, sind bei mir nicht nötig. Zu schnelle Einheiten zusammen mit hohen Umfängen würden sich beißen und nicht funktionieren. *Ich bin ich und nicht jemand anderes.* Folglich trainiere ich so, wie ich es für mich als effektiv ansehe. In der entscheidenden Vorbereitungsphase sind dies gerne auch 6-8 Stunden am Stück. Dies musste ich natürlich über Jahre hin aufbauen. In der Saison kann ich dann ausgehend von einem früher bewährten Umfangsniveau aus vernünftig steigern. Der Körper vergisst zum Glück nicht so schnell. Dank meiner zahlreichen langen Läufe in der Vergangenheit und des eher moderaten Tempos verkrafte ich mittlerweile auch hohe Laufumfänge relativ gut. Beim Schwimmen ist oft die Schulter die Achillesferse, die Schwachstelle von vielen Athleten. Außer, auch hier die Umfänge nicht zu schnell zu steigern, hat sich bei mir bewährt, die Finger gerade einzutauchen. Eine verdrehte Schulter kann andernfalls langfristig Schmerzen verursachen. Was ich nicht kann? Hochintensives Training ist tabu, zu schwer einschätzbar für das Immunsystem. Allzu hohe Schnelligkeit ist schon aufgrund meines Alters nur noch eingeschränkt möglich, aber das spielt für die meisten auf einer Langdistanz ohnehin keine entscheidende Rolle. Unter der Woche sind meine sportlichen Aktivitäten überschaubar, dauern meist eine Stunde oder manchmal weniger, sind oft ruhig, gedacht als Belohnung für die Seele.

Kleinlaut

Challenge Roth 07.07.19

Als ich am Samstag mein Rad abgebe, fühle ich mich klein und irre größenwahnsinnig. Ich empfinde mich so alt, wie ich wirklich bin. Es ist erdrückend heiß, meine MS verträgt die Hitze gar nicht. Erinnerungen an meine innerlich noch nicht ganz akzeptierte Kreislaufschwäche vor 5 Wochen in Limmer kommen hoch; deutlich verstärkt durch die, von mir am Fernseher beobachteten, sichtbar leidvollen Erfahrungen von Sarah True, die eine Woche zuvor beim IRONMAN Frankfurt, in Führung liegend, 900m vor dem Ziel plötzlich zusammenbrach und aus dem Rennen genommen werden musste. Jetzt, beim Schieben meines Rads über die Brücke, muss ich beide Hände nehmen, um es in der Spur zu halten, so böig bläst der Wind. Dass die Mehrzahl der Teilnehmer jünger und fitter aussieht, bin ich gewöhnt. Trainiert habe ich mit viel Spaß trotzdem gut, aber mein SUB 8 Ziel (dann auf der Laufstrecke zu sein) wird schon durch die neue Starteinteilung gefährdet. Da die Profis ohne Neo schwimmen müssen, verschiebt sich der Start der Sportler mit Beeinträchtigungen von 6.30 Uhr auf 6.45 zu den echten SUB 9er Kandidaten. Nicht schlimm, denke ich, die sind in Windeseile verschwunden, aber 5 Minuten Abstand zu den jeweils nächsten 210 hochmotivierten Schnellen sind zu wenig und machen mir doch etwas Bedenken. Ich befürchte zu arg in das Getümmel zu gelangen. Mir fehlt die innere Einstellung, das klare Ziel. Ich muss mich sammeln, genieße die Ruhe bei unserer bewährten Gastgeberfamilie, bei der wir seit 7 Jahren liebevoll betreut werden. Gegen Abend spaziere ich durch den ruhigen Ort. Ein Teil von mir ist die letzten Tage, wie üblich, äußerst nervös, aufgrund eines Schnupfens, Ausrutschers oder anderem nicht starten zu können. Ein anderer Teil von mir befürchtet gerade, dass ich teilnehme. Die Erfahrungen, was alles passieren kann, sind noch zu frisch und vielfältig. Und es geschieht immer irgendetwas!

Heimfahren wäre allerdings auch doof. Ich nehme mir vor, den kommenden Tag als eine längere Trainingseinheit unter Freunden zu betrachten. Sport mit Spaß, ohne jeglichen Zeitdruck, einfach schauen, wie weit ich komme. Den zufällig dabei stattfindenden Wettkampf, wie im Training, notfalls früher abzubrechen, ist diesmal definitiv eine Option. Mein eigentliches Ziel ist Herzblatt mit meiner Familie. Nur für diesen Vorsatz ist DNF keine Option.

Sonntagfrüh, ich bin bei den ersten, es ist noch dunkel, ganz leise gedämpfte Musik, alles ruhig, ein sanftes Erwachen. Beim Rad staune ich, das erste Mal in 10 Jahren, dass es über Nacht trocken blieb. Sonst war es über den Tau immer sehr feucht. Das Handtuch habe ich umsonst mitgenommen. Diesmal parkt mein Rad knapp hinter den Zeitmaschinen der Profis. Super, dann muss ich es später nicht groß suchen. Alle anderen in meinem Bereich dürften weg sein. Bei keinem andern Wettkampf ist die WC Situation so entspannt, wie in der Wechselzone 1 in Roth, freie Auswahl, unbenutzt um diese Uhrzeit. Die Startnummer Rad haben wir hochkant mit Hilfe eines durchsichtigen Klebebands am Sitzrohr befestigt. Früher hantierten wir mit Kabelbindern, immer mit den irrsinnigen Gedanken, die spitzen Enden könnten sich in der Hektik des Rennens verschieben und meine Oberschenkel oder die Reifen aufreiben. Als ich mich gemütlich hinsetzen will, fängt es an zu regnen, immer heftiger. So viel zu dem trockenen Rad, denke ich. Wichtiger ist mir aber, dass heute zum Glück angenehm kühle Temperaturen herrschen. Es wird heller, die Musik lauter und aufmunternder. Langsam komme auch ich in Stimmung für einen neuen Augenblick des „Ich-kann-und-ich-darf."

Ich treffe Dean beim Schwimmstart, freue mich sehr, wir unterhalten uns und helfen uns kurz beim Anziehen des Neos, schlendern dann gemeinsam zum Schwimmstart. Das lange Abenteuer kann beginnen. Im Wasser wartend, friere ich tatsächlich trotz Neo etwas, reihe mich links als Letzter ein. Der Startschuss ertönt, vorne sind fast alle rasend schnell weg. Ich habe mir vorgenommen, bewusst nicht die Ideallinie zu schwimmen, um den nachfolgenden 800-1000 Athleten Platz zu machen. Gefühlt zieht es sich ewig, die Intensität wärmt jetzt auch. Bald ist die nächste Startgruppe bereits an mir vorbei. Zum Glück gibt es in Roth nur noch einheitlich grüne Badekappen. Farbige, wie früher individuell für jede Startgruppe, könnten heute doch etwas peinlich wirken. Meine Beeinträchtigung sieht man mir ja nicht an. In weitem Kreis schwimme ich um die Wendeboje, jetzt haarscharf am Ufer entlang muss ich aufpassen, dass ich mir die Arme am Boden nicht aufscheuere. Dicht neben mir kraulen immer wieder viele Athleten vorbei, aber zu meiner Erleichterung ohne nennenswerte Körperkontakte. Die Stimmung ist am Kochen. Die Menschen stehen dichtgedrängt auf der Brücke und feuern uns beispiellos aufmunternd an. Muskulär fühle ich mich gut, rechne trotzdem aufgrund der vielen Umwege mit einer entsprechend langen Zeit. Beim Ausstieg bedanke mich bei den erstklassigen Helfern, sehe Herzblatt, das Schwimmen ist überstanden. Bei der Platznummer 81 bleibe ich kurz stehen, der Wechselbeutel ist weg! Was jetzt? Ähm, peinlich, ich habe die Nr. 181! Weiter. Ja, die 181 ist noch da. Die Nummer daneben sogar auch. Das bedeutet, dass ich nicht letzter in meiner Gruppe bin. Ab ins Zelt, umziehen. Es ist voll, angespannte Hektik, ich suche einen freien Platz, erhalte freundliche Hilfe. Mein Kurzarm-Shirt kann ich trotzdem nicht überziehen, ein bekanntes Phänomen nach dem Schwimmen. Ich verrenke mich schier, das Shirt weigert sich weiterhin, blockiert meine ungelenken Versuche. Ich gebe auf und ziehe es nochmals aus, schlüpfe erst in die Schuhe und Socken, setze meine Brille auf, ordne mein Trikot neu, versuche mich noch einmal am Shirt, zupfe den Rest zurecht, schnappe mir die Kurzfingerhandschuhe, stolpere zum Rad, ziehe den Helm auf und die Startnummer an. Überrascht sehe ich, dass mein Rad trotz des langsamen Wechsels gar nicht einmal das letzte in der Reihe ist. Ich schiebe es zur Startlinie, ab der man aufsteigen darf, freue mich über lautstarke Anfeuerungen, klicke langsam in die Pedale ein und fahre los. Der Wechsel ist überstanden. Es ist frisch, aber das finde ich gut, mein Wetter. Leider merke ich viel zu früh, dass es auch heute zu böig für meine eingeschränkten Reflexe ist. Wenn ich allein auf der Strecke genügend Schwankungsbreite hätte, könnte ich es vielleicht probieren, da allerdings mitunter in einem arg knappen Abstand überholt wird, ist es mir zu heikel. Also akzeptiere ich, dass ich heute komplett aufgestützt kurbeln muss. Die Kurven fahre ich jetzt bewusst ohne Schwankungstoleranz langsam an, die in Roth eigentlich harmlosen Abfahrten ebenso. Dummerweise fällt mir unter solchen Bedingungen mittlerweile auch das einhändige Trinken schwer, sicherheitshalber stoppe ich deswegen lieber, wie auf dem Solarer Berg bei Herzblatt und Innez, tausche die Flasche, trinke und warte, bis ich wieder unbeschadet auf die Strecke kann. So etwas wäre unter echten Wettkampfbedingungen undenkbar, aber heute ist für mich Training. Später treffe ich mehrmals Dean, freue mich, dass er so gut drauf ist. Das ist bei uns keine Selbstverständlichkeit. Ich nehme mir vor, im nächsten Winter etwas mehr Übungen für die Kraft und Stabilität ins Training zu integrieren, denn ich fühle den Trizeps vom Obergriff fast mehr als die Beine. Später meldet sich noch unbehaglich mein Hintern, auch die Energieversorgung holpert. Wenigstens übertönen die lauten Aerolaufräder mein Stöhnen. Beim Training daheim erweisen sie sich übrigens ab und zu auch als Vorteil. Selbst unachtsame Fußgänger, die mitunter ohne sich umzuschauen, die Straße überqueren wollen, merken mich so frühzeitig. Hier im Frankenland ist das Ende der rollenden Misere irgendwann doch absehbar. Das Radfahren ist überstanden. Auf dem Weg ins Zelt versuche ich verzweifelt, meine Kurzfingerhandschuhe auszuziehen. Endlich kann ich den linken ausziehen, wenngleich nur mit sehr viel Mühe. Eine freundliche Helferin sieht meine Probleme, blickt auf meine rechte Hand und klappt den Klettverschluss auf. So lässt er sich tatsächlich einfacher ausziehen. Ich muss lächeln. Erstaunlich, wie schnell man unter Stress nicht mehr klar denken kann. Ich wechsle in die Laufschuhe, nehme meine Laufkappe und Uhr auf, sehe, dass ich die geplanten SUB 8 in 7:53 Std. gerade so gepackt habe und laufe los. Das Tempo pendelt sich anfangs bei knapp über 6 min/km ein. Ab jetzt setze ich auf Gel und Wasser, was mich immer ca. 30 Sekunden kostet. Herzblatt reicht mir zusätzlich kühlen stillen Sprudel, das schmeckt vorzüglich und hilft mir. Ich hatte zuvor eher zu wenig Energie aufgenommen und doch war es für meinen Magen zu konzentriert. Seit Limmer habe ich noch eine Rechnung mit dem Marathon offen, ganz so heftig abreißen lassen will ich es heute nicht. Ich freue mich bei den UNICEF-Schildern über 3 mit meiner Startnummer, schmunzele besonders über ein anderes mit dem Spruch: „Das Elend hat viele Gesichter. Deins gefällt uns besonders gut". Konzentriert zurückhaltend trabe ich weiter, nach der Wende in Heuberg bläst jetzt durchgängig ein starker Gegenwind, mitunter überhole ich sogar, auch wenn weiterhin die Mehrzahl an mir vorbeiläuft. Aber das wusste ich vorher schon und blende es weitgehend aus. Im Training ist es mir auch vollkommen egal, selbst wenn ein weißhaariger Opa mit seinem E-Bike an mir vorbeifährt. „Besser langsam finishen als schnell aufgeben." Ich nehme mir erst mal vor, bis km 25 zu laufen, der Rest wird Zugabe. Nochmals von Innez aufgemuntert, treffe ich anschließend Herzblatt an der Lände. Sie hat mir tatsächlich noch einmal kühlen Sprudel besorgt; erstaunlich, wo sie den hergezaubert hat. Die Stimmung in der Stadt ist zu grandios, um zu gehen, also weiter, lautstarke, fantastische Anfeuerungen beim Stimmungsnest von Frank, eine liebevolle Umarmung durch Sabine, alles gibt mir innere Energie, die ich dringend brauche. Auf der Steigung nach Büchenbach spüre ich meinen Kreislauf stärker, noch klingeln keine Alarmglocken, aber dergleichen kann schneller gehen als gedacht. Ich will meine Notfall-Chips nehmen. Mist, sie sind verklebt und nicht mehr zu gebrauchen. Warum auch immer, ich kann kein Wasser trinken ohne zu würgen, die Pampe im Magen ist aber auch noch nicht so recht verdaut. Insgesamt habe ich doch zu wenig Energie. Inzwischen verfalle ich an den steilen Anstiegen ins Gehen, trabe dann oben weiter. Ich bin skeptisch, ob ich jetzt schon mit dem Wandern beginnen soll. An der Seeschleife werde ich besonders emotional angefeuert, wache auf, bedanke mich winkend, ohne mich umzudrehen (später stellte sich heraus, dass es Herzblatt war, die erstmals den Shuttle-Bus für die Zuschauer nahm). Ich nehme ein Gel, nicht für den Magen, sondern um die Mundschleimhaut zu stimulieren. Das hilft tatsächlich, ich spüle den Mund mit Wasser aus. Ich schnaufe jetzt bewusst stark und im Rhythmus. Die Energie kommt an, ich kann weiter traben, denke an liebgewonnene Freunde und daran, dass eine Langdistanz nichts ist im Vergleich zu den wahrhaft heiklen Herausforderungen des Lebens. Es läuft wieder, der Kreislauf bleibt dabei stabil. Erstmals holpere ich nicht im Stadion und finishe nach einer Laufzeit von 4:37 Std. hochzufrieden nach gesamt 12:30 Stunden meine zweite Langdistanz in 5 Wochen. Gefühle können trügen, aber mit 1:16 Stunden erziele ich sogar meine schnellste Schwimmzeit nach der MS-Diagnose. **Fazit**: Auch der „kleine Mann" hat Träume und darf sie sich erfüllen. Andere mögen jünger, talentierter, schneller, gesünder oder besser sein, aber ein attraktives Ziel wirklich erreichen zu wollen, kompensiert manches. Ich finde es hoffnungsvoll, dass sich immer mehr MS-Betroffene, offen oder versteckt, für den schönen Sport interessieren. Immer mehr wagen sich mittlerweile sogar auch an die langen Strecken. Bis vor kurzem waren mir nur wenige Sportlerinnen mit MS bekannt, die eine Langdistanz finishten. Auf Netflix gibt es einen berührenden Film über einen spanischen Familienvater, der trotz MS einen Ironman bewältigte. In Irland schrieb ein ehemaliger Fußballspieler 2 Bücher über sein Leben mit MS und wie er 2 IRONMAN-Wettkämpfe meisterte. **Die Krönung für mich ist aber, dass 2020 drei Sportler und zwei Sportlerinnen mit MS im Triathlon-Mekka Roth starten wollen. MS goes Triathlon.**

Zeitnot

Normalerweise trainiere ich am Anfang einer langen Saison eher unspezifisch, Hauptsache, ich bewege mich. Im Laufe der Zeit erhöhe ich nach und nach die Umfänge. Erst in den letzten entscheidenden 12 Wochen vor einem Wettkampf übe ich immer zielgerichteter - radfahren, laufen, schwimmen, auch koppeln - und teste dabei die geplante Ernährung. 2019 blieben mir allerdings nur 5 Wochen zwischen Limmer und Roth sowie 2 weitere bis Zürich. Wie trainiere ich dann am effektivsten? Ich fand auch im Internet kaum Vorbilder oder Richtlinien zum Nacheifern. Also betrat ich Neuland und konnte frei testen, ganz nach meinem Geschmack. Zwänge mag ich nicht. Nach dem Wettkampfauftakt in Niedersachsen verordnete ich mir 3 Tage Sportpause. Anschließend kurbelte ich entspannt mit dem MTB durch die schöne Landschaft und ließ meinen Gedanken freien Raum. Bestens geeignet, meine Motivation neu zu entflammen. Eine harte Langdistanz ist nämlich in erster Linie eine Herausforderung für den Willen. Anfangs dauerten die Einheiten nur maximal eine Stunde, aber am Sonntag erhöhte ich auf 5 Std. Obwohl ich die Intensität weiterhin gering hielt, lautete so das „Hallo-Wach-Signal" an meinen Körper, sich nicht zu arg an die Ruhe zu gewöhnen. In der zweiten Woche folgten die erste Schwimmeinheit und das orthopädisch kritische Laufen. 12 Tage nach Hannover gönnte ich mir dank einer Woche Urlaub daheim eine Art Trainingslager. Die Touren mit meinem liebsten Sportutensil, dem MTB, steigerte ich nun auf 6-7 Stunden. Stimulation für die etwas eingeschlafenen Mitochondrien, die Kraftwerke der Zellen. Ich genoss 9 phantastische Tage mit für mich rekordverdächtigen 32 Stunden Sport und Erholung. Üblich sind bei mir je nach Jahreszeit sonst wöchentlich zwischen 9 und 14 Std. Nach dem Umfangsblock startete ich, wie auch sofort nach Roth, meine übliche zweiwöchige Taperphase. Ihre speziellen Einzelheiten werde ich in einem späteren Kapitel genauer schildern.

Soweit die Träume tragen
IRONMAN Switzerland, Zürich 21.07.19

Unter diesem Motto wagte ich mich an meine dritte Langdistanz in 7 Wochen, nur 2 nach der Challenge Roth. Traute ich meinem Körper anfangs rein sportlich noch eine 50:50-Chance für ein Finish zu, befürchtete ich in den Tagen vor dem Rennen, dass mir das ganze Umfeld, die Großstadt, die unübersichtlichen Menschenmassen und der Erwartungsdruck zu viel werden könnte. Ab Freitag schwand meine ursprüngliche Zuversicht angesichts der deprimierenden Wetterprognosen extrem. Ich zweifelte an mir, meiner Vernunft. Samstag. Es ist heiß, in der Unterkunft wird es auch nicht kühler, die Hitze und Schwüle sind erdrückend, nichts für meine MS und die Laune. Die Vorhersage schwankt zwischen heftigem Gewitter beim Schwimmen, Gewitter beim Rad, Regen beim Schwimmen, Regen beim Rad, Sonne oder Gewitter beim Laufen. Die Wassertemperatur ist knapp an der Verbotsgrenze des Neoprenanzugs. Es wird sehr spannend, und die Entscheidung dazu wird erst am Sonntagmorgen verkündet. Ich kenne mich in Zürich nicht aus. Allein auf dem Weg zum Rad-Check-In müssen wir mehrere steile Hügel und Treppen überwinden. Wie soll ich dies wohl nach dem Rennen schaffen? Nun, das wird noch meine geringste Sorge sein. Erst einmal muss ich das Rennen überstehen. Unliebsame Überraschungen mag ich gar nicht mehr. Die „Dämonen", meine negativen Gedanken, plagen mich in der Nacht besonders. Was wäre wenn? Kann ich die steilen Abfahrten unfallfrei meistern? Erstmals meine ich zu Herzblatt und Niklas, dass sie damit rechnen müssen, dass ich früher aufhöre. Am liebsten hätte ich auf den Start verzichtet. Nach einer unruhigen Nacht voller Grübeleien stehe ich um 3.30 Uhr auf, frühstücke, richte meine Sachen. Es ist noch dunkel, als ich in der Wettkampfzone ankomme. Ich suche mein Rad, kann kaum etwas sehen. Irgendwann finde ich es an einer anderen Stelle als vermutet. Hat es jemand umgestellt? Es fängt an zu regnen, immer stärker. Der Neo sollte also wohl erlaubt sein. Ich versuche mich zu orientieren und die richtigen Abläufe zu finden. Am Tag zuvor überschnitt sich die Anmeldung mit einem Kurzdistanzwettkampf. Eine bessere Orientierung, das sonst bei mir übliche Abgehen der Wettkampfzone und -wege, war so leider nur eingeschränkt möglich. Das Schwimmen stand wegen des drohenden Gewitters unter Vorbehalt, soll aber jetzt wie geplant stattfinden. Ich wandere mit anderen Athleten ca. 1 km zum Start. In Zürich gibt einen „Rolling Start", d.h. immer 8 Athleten starten gemeinsam. Ich begebe mich auf die linke Seite des Blocks mit der Zielzeit von 1:20 Stunden. Es dauert einige Minuten, dann darf auch ich die Startlinie überschreiten, trabe zum See und lasse mich in das klare Wasser gleiten. Der Traum kann beginnen. Das Schwimmen klappt gut. Nicht schnell, aber weitgehend kontrolliert. Hier hatte ich im Vorfeld auch die wenigsten Bedenken. 4 km sind für mich mittlerweile normales Training; anstrengend, doch machbar. Die Orientierung ist für mich als Brillenträger im großen Züricher See allerdings mitunter nicht so einfach. Ich halte mich mehr außen, einzelne Klapse anderer Athleten sind hinnehmbar. Zur Not hätte ich genügend Platz zum Ausweichen. Plötzlich verdunkelt sich der Himmel, der Wellengang nimmt deutlich zu. Ich schaue, ob es jetzt schon blitzt. Abbruch? Ist mitten im See praktisch nicht mehr möglich, aber wohl auch nicht nötig, es regnet nur sehr stark, teilweise meine ich, leichte Hagelkörner zu spüren. Sicherheitshalber beschleunige ich zum Ziel hin und haste nach 3,8 km aus dem See. Ein Abtrocken ist heute noch unnötiger als sonst. Ich schlüpfe in die nächsten nassen Sachen und schiebe mein Rad zum Start. Es regnet weiterhin sehr stark. Vor dem Radfahren habe ich die meiste Angst. Mancher mag darüber sanft schmunzeln, aber heute ist mein Hauptziel, das Radfahren irgendwie zu überstehen. Ein DNF würde ich akzeptieren, einen Unfall nicht. Nach einer Stunde lässt der Regen nach, die Fahrbahn ist allerdings noch nass und arg rutschig. Die Strecke in Zürich führt anfangs um den See herum und ist sowieso leicht holprig. Keine 5 Minuten später kippt der erste Athlet mit dem Rad um. Ich staune, wie verblüffend schnell er wieder auf sein Gefährt steigt, ähnlich einer einstudierten Bewegung. Ich habe ihn noch nicht einmal erreicht, da fährt er schon weiter. Das ist aber erst der Anfang. Immer wieder sehe ich Pannen und Unfälle. Leider auch viele mit deutlich böserem Ausgang für die Betroffenen. Das Rennen scheint für sie vorbei zu sein. Zumindest klappt die medizinische Betreuung augenscheinlich gut. Die Sanitäter sind bereits beim Versorgen der Verletzten. Eingeschüchtert fahre ich ab sofort noch vorsichtiger. Die schnellere Aerohaltung ist für mich heute tabu, obwohl es von der Strecke und den Windbedingungen wohl möglich gewesen wäre. Nicht aber bei meinen Nervenkostüm. Zürich baut, Umleitung, ein kurzer, aber richtig giftiger Anstieg, eine winklige Abfahrt durch den Ort, unten flach weiter. Nach KM 30 gelangen wir in die Hügel, landschaftlich einmalig schön, doch das stetige Auf und Ab erfordert eine hohe Konzentration. Viel später erreiche ich „The Beast", einen steilen Hügel. Ich kann ihn trotzdem gut bewältigen, Zeit verliere ich vor allem bergab. Denn besonders in der extrem steilen Abfahrt nach Küßnacht bremse ich stark, da ich die Strecke nicht kenne und immer wieder enge Kurven folgen. Ausgerechnet bei dem rasantesten Abschnitt springt plötzlich ein aufgeschrecktes Reh keinen Meter vor mir über die Fahrbahn. Sekundenbruchteile schneller und es hätte richtig übel werden können. Da hat mein Schutzengel wohl ganze Arbeit geleistet. Die Beine selber bereiten mir kein Problem, auch den steilen Anstieg am „Heartbreak-Hill" kann ich gut meistern. Die Stimmung ist fabelhaft, Schweizer Kuhglocken ertönen, die Zuschauer sind enthusiastisch am Anfeuern. Das hilft. Ich biege in die zweite Runde ein. Es wird einsam, mein Hintern schmerzt immer mehr, die Arme sind ermüdet von der Haltearbeit, es wird heiß, direkt in der Sonne richtig brennend. Fast hätte ich mir noch einmal den kühlen Regen zurück gewünscht, aber die mittlerweile trockene, sichere Fahrbahn ist mir doch lieber. Da die Schnellen alle schon weg sind, kann ich bergauf sogar öfter überholen, andere leiden mehr, manche schieben ihr Rad an den steilen Abschnitten. Bei den Abfahrten bremse ich permanent, achte aber darauf, weit genug rechts zu fahren, um niemandem im Weg zu sein. Geduld ist angesagt. Nach langer Zeit kehre ich endlich in die Wechselzone zurück und gebe mein Rad ab. Die Zeit von inzwischen fast 9 Stunden ist selbst für meine bescheidenen Verhältnisse absolut unterirdisch, aber ich bin immer noch im Rennen. *Jetzt nur noch einen Marathon.* Je nach Sichtweise erwies sich dies, selbst im Training, schon als machbar, aber noch viel öfter geriet ich dabei an meine Grenzen. Ich trabe unverzagt, jetzt will ich ins Ziel. Die negativen Gedanken rund um das Radfahren sind verscheucht. Heute ist doch wieder ein guter Tag, um später davon Geschichten zu erzählen. Bei jeder Gelegenheit greife ich zu den Schwämmen und nutze die mobilen Duschen an der Strecke, um mich zu kühlen. Die Blasen an den Füßen sind eher zweitrangig, deswegen kippe ich nicht um. Hingegen erweist sich die elementare Energieversorgung langsam als kritisch. Im Vorfeld hatte ich relativ wenig an das Laufen gedacht, das war mir zu weit entfernt. Ich nehme alle 5 km ein Gel, trinke etwas Wasser nach, was mir schwerfällt. Den Mund ausspülen und kühlen klappt dafür gut. Ich laufe in Runde 1 knapp unter einem 7er Schnitt, meinem eingeübten Fettstoffwechsel- Überlebenstempo. Noch 10 km dranbleiben, dann könnte ich den Rest gehen, ohne das Zeitlimit zu gefährden. Meine Familie feuert mich permanent an. Die Laufstrecke und die Stimmung gefallen mir sehr gut, es zieht sich nur endlos lange hin. Runde drei, ich trabe weiterhin, 25 Kilometer sind geschafft, die Versuchung zu wandern steigt stetig an. Am sonnigsten Streckenabschnitt, einem Wendepunkt auf Schotter ohne Schatten, verpasse ich mein Energiegel und wässere zu wenig, es wird hart. Da sehe ich Danja, ein Lichtblick, werde von ihr fulminant angefeuert, freue mich, tanke neue Energie, schnaufe wieder energischer, halte durch bis zur nächsten Wasserdusche und Zuckerquelle. Es läuft wieder. Die letzte Runde kommt. Ich nehme Abschied von den erstklassigen Betreuern, jetzt überhole ich nur noch, das baut zusätzlich auf, ich kann mein Tempo halten, das Ziel lockt. Ich kann es tatsächlich schaffen! Wie heißt das Motto bei IRONMAN? *„Anything is possible"*. Und heute ist alles möglich! Im Ziel werde ich vom Sprecher mit „Matthias, you are an Ironman" begrüßt, es ist geschafft. Welch ein Triumph, meinen Dämonen getrotzt zu haben. Ich bin unglaublich stolz und auch zufrieden, wenngleich die 13:44 Std. meine bisher langsamste Zeit bedeuten.

Das war meine 15. Langdistanz, und bereits die 10. mit MS. Nimmt man hinzu, dass es sogar die dritte Langdistanz binnen 7 Wochen war, wird mir selbst unheimlich. Ich kann kaum glauben, was trotz - oder vielleicht auch wegen - der MS möglich geworden ist.
Manchmal helfen Rückblicke, das aktuelle Geschehen einzuordnen. Im Winter nach der Diagnose, als ich meine Abstimmungsprobleme beim Laufen wieder halbwegs im Griff hatte, absolvierte ich einen langen Lauf auf der anderen Neckarseite. Anfangs recht steil und hügelig, und ich stand nach fast 2 Stunden vor der Entscheidung, ob ich mich in das relativ einsame Waldgebiet mit seinen verwinkelten Wegen traue. Schließlich könnte die MS unterwegs unliebsame Überraschungen bereithalten. Würde ich rechtzeitig die Anzeichen bemerken? Zwar hatte ich ein Notfallhandy dabei, doch das war eigentlich selbst ein Notfall. Wenn ich es einmal brauchte, war entweder der Akku entleert oder es gab keinen Empfang. Ich atmete also dreimal tief durch und trabte weiter. Das Leben bedeutet immer ein gewisses Risiko. Hier war die Gefahr noch sehr überschaubar, aber aus lauter Vorsicht gar nichts mehr zu wagen, ist ein zu hoher Preis. Dank der Abkürzung kam ich schließlich nach 3:30 Stunden zufrieden daheim an. Seitdem bin ich sensibel geworden für die Signale des Körpers und kann so auch auf unbekanntem Terrain unterwegs sein.

Die Wahrheit liegt auf dem Weg
Tipps für Sport mit Spaß

Für den Einstieg in den Sport gibt es genügend hervorragende Bücher und Anleitungen, deswegen möchte ich hier nur nicht so bekannte Tipps oder auch meine außergewöhnlichen Erfahrungen erwähnen. Ich finde, Sport muss Spaß machen, spätestens daheim oder im Ziel. Fühle ich mich anschließend mental besser, ist der Zweck erfüllt, der Kuchen verdient. Ich habe für mich die alte Fußball-Weisheit adaptiert, wonach die Wahrheit auf dem Weg liegt. Das heißt, wenn ich zusätzlich zum Spaß auch Verbesserungen merke, passt es. Ohne Fortschritte zu erkennen oder Freude am jeweiligen Aktivsein zu empfinden, verändere ich mein Training. Sport ist für mich kein Zwang, sondern eine gute Gelegenheit, wie ein Geschenk. Große Ziele erfordern kleine Schritte. Ein langfristiger Traum ist wichtig für die Motivation, meist aber am Anfang auch erschlagend. Deswegen ist es wichtig, dass ich mir Zwischenziele setze. Erreiche ich diese, freue ich mich und bin umso motivierter für die nächsten Schritte. Sich an den absoluten Spitzensportlern zu orientieren, kann ein Irrweg sein. Für die Aufrechterhaltung einer langfristigen Motivation oder für eine spannende Unterhaltung ist dies vollkommen in Ordnung, für persönliche Fortschritte sollte man vorrangig besser die nächsthöheren Leistungsstufen anstreben. Ein Profi hat viel mehr Zeit für eine ausgiebige Regeneration und verfügt über herausragende Talente. Für einen Altersklassenathleten mit forderndem Beruf und Familie ist dagegen weniger oft mehr. Mein Motto lautet: „Trainiere, was Spaß macht." Dann hängt mein Glück nicht allein am Ausgang des Wettkampfes, sondern dieser ist nur das Sahnehäubchen. Der Sport mit Spaß in den Monaten zuvor ist dagegen sinnbildlich der tägliche Kuchen und deshalb für mein Wohlbefinden wichtiger.

Schwimmen

Beim Kraulen sollte man zuerst die passende Technik richtig lernen und dann automatisieren. Umfänge kommen später. Leider begann ich das Schwimmtraining mit falschen Vorstellungen. In der Kindheit lernte ich bei der DLRG, 25m zu kraulen, zu tauchen und keine Angst vor Atemnot unter Wasser zu empfinden. Am Ende der Bahn mussten wir dann aus dem Becken klettern, wieder zum Start laufen und alles begann von vorne. 25 Jahre später wollte ich testen, ob ich die 3,8 km Schwimmstrecke einer Langdistanz überstehen könne. Zuerst versuchte ich es im gewohnten Bruststil. Das dauerte zwar endlos lange 2 Stunden, aber es klappte. Kann ich länger als 25 Meter kraulen? war die nächste Herausforderung. Dies hatte ich noch nie zuvor probiert. Ich versuchte, mich mit Intervalltraining dem anzunähern. 152-mal mit wirbelnden Armen bis zum nächsten Bahnende, kurz ausschnaufen und wieder zurück. Fast 2 Stunden später, hing ich nach Luft japsend am Beckenrand. Ich glaubte dann zwar, dass ich die 3,8 km auch im Wettkampf überstehen könne, aber das verdarb mir eine saubere Kraultechnik. Die eingeschlichenen Fehler lassen sich später nur schwer wieder beseitigen. Langfristig sinnvoller wäre gewesen, zuerst unter qualifizierter Anweisung eine einwandfreie Technik zu erlernen, diese weiter zu verfeinern und die Streckenlänge erst später zu steigern. Ich finde auch wichtig, den Athleten individuell zu betrachten. Besitzt er nicht die körperlichen Voraussetzungen für eine perfekte Wasserlage, empfiehlt sich z. B. eine höhere Frequenz. Ein „Gleiten" im Wasser gibt es für mich nicht. Der Widerstand im, aus meiner Sicht treffender bezeichnenden, „klebrigen Element" ist einfach zu hoch, ein erneutes Beschleunigen zu kraftaufwändig. In der kalten Jahreszeit kraule ich mittlerweile fast nur noch mit Pull Buoy, einer Auftriebshilfe aus Schaumstoff, die man sich zwischen die Oberschenkel klemmt. Viele Spitzenschwimmer legen vor allem großen Wert auf das konsequente Aneignen einer widerstandfreien Wasserlage. Damit haben sie meist durchaus Recht. Für mich hingegen gilt auch hier: „Die Wahrheit liegt auf dem Weg." Ich trainiere so, wie ich es für mich am effektivsten empfinde. Die Außenwirkung ist mir dabei zweitrangig. Im Wettkampf sollte ich die 3,8 km natürlich auch ohne Auftriebsutensilien überstehen können. Andererseits hatte ich bislang bei meinen Mittel- und Langdistanzen stets den Neo nutzen können – mitsamt seiner angenehmen Auftriebsunterstützung. Bietet es sich da nicht an, mit diesem Effekt auch sonst zu üben?

Beim letzten Vereinstraining, wie immer gemeinsam mit Niklas, durfte ich feststellen: ***Das Leben ist zu kurz für Beinschlagtraining***, zumindest für mich. Die Idee für den Buchtitel war geboren. Dank unserer stets gut gelaunten und motivierten Trainerin üben wir zum Glück nach einem kurzen Technikblock meist steigernde Umfänge und Tempo. Passt. Nur diesmal standen eben mehrere Bahnen „Kraulbeinschlag" auf dem Programm. Vereinfacht ausgedrückt, schlagen dabei die Beine peitschenartig und wechselweise aus den Hüft- und Kniegelenken auf- und abwärts - ohne Einsatz der Arme. Meine Fußgelenke sind nur fatalerweise wenig flexibel. Dies beugt zwar beim Laufen Verletzungen vor, beeinträchtigt aber leider die Vortriebswirkung beim Beinschlag. Früher hatte ich lange Zeit intensiv versucht, hier Fortschritte zu erzielen, zu meinem Bedauern ohne nennenswerten Erfolg. Unglücklicherweise sind zudem bei uns die Schwimmbäder im Winter zu weit entfernt oder häufig überfüllt, sonst wäre es natürlich ratsam, mit mehr Abwechslung und auch ohne die Hilfsmittel zu üben. Aufgrund der knappen Zeit konzentriere ich mich effektiver auf den für mich wirksamsten Schwerpunkt, den Armzug. Das Kraulen kann ich bei mir zu Hause bestens durch Liegestütz-, Zugseil- oder Rudertraining ergänzen. Dies rundet vorzüglich das überschaubare Schwimmtraining ab und spart Zeit sowie Geld für die sonst weiten Fahrten zum nächsten Bad. Ab Mai trainiere ich dank einer günstigen Saisonkarte bei kühlerem Wetter regelmäßig vor Ort im Freibad. Dann schwimme ich im Neo meist 4 km lange Einheiten, mal komplett am Stück, mitunter aufgeteilt in längere Abschnitte (z.B. 4-mal 1000 oder 10-mal 400). Aufgrund dieser „Dickkopfmethoden" durfte ich mich 2018 trotz MS über eine neue persönliche Trainingsbestzeit von 1:11 Stunden auf den 3,8 km freuen – natürlich mit Neo!

Radfahren
Im Winter starte ich mit stimmungsvollen, ruhigen, meist hügeligen MTB-Touren, bei schlechtem Wetter oder eisigen Temperaturen daheim auf dem Rollentrainer, unterlegt mit peppiger Musik. Spätestens, wenn die Zeit der schockgefrosteten Füße und Hände vorbei ist, beginne ich mit längeren Einheiten in der Natur. Ich verzichte seit Jahren immer mehr auf das potentiell gefährliche Radtraining auf der Straße mit Autoverkehr. Stattdessen weiche ich mit dem MTB auf leicht hügelige, asphaltierte Radwege aus, oft am Wochenende in den frühen Morgenstunden. Mit dickem Gang kurbele ich dabei im Wettkampfpuls, was in meiner Leistungsklasse bestenfalls oberes Grundlagentempo ist. Die Landschaft im Kocher-, Jagst- oder Neckartal verführt zum Träumen, die Gedanken fließen. Die besten Ideen, vor allem auch für den Beruf, keimen besonders bei solchen Einheiten. Ab und zu ist es zur Gewöhnung an das Zeitfahrrad trotzdem nötig, auf der Straße zu fahren. Immerhin genieße ich dann den Luxus, am freien Wochenende auf wenig befahrene Strecken ausweichen zu können. Berufsverkehr mit gestressten Autofahrern kann ich so gar nicht brauchen und versuche, solche Situationen nach Möglichkeit zu umgehen. Bei Gewitter, Sturm oder peitschendem Regen kann ich zum Glück auf das Rollentraining ausweichen. Je nach Ziel kann dies eine eher regenerative Übung für den Kopf oder eine fordernde Einheit mit Kraftausdauer und dickem Gang sein, ab und zu gewürzt mit hohen Trittfrequenzen. Für den Fall der Fälle, dass es die Umstände und meine Reflexe im Wettkampf doch einmal zulassen

sollten, trainiere ich meist auf dem Aerolenker liegend. Dadurch werden auch andere Muskelgruppen als auf dem MTB trainiert. Ich meine aber, dass ich vielleicht gerade wegen des ungewöhnlichen MTB-Schwerpunktes in Regensburg mit 5:45 Std. trotz MS meine mit Abstand zweitbeste Radzeit überhaupt erzielen konnte.

Laufen

Als Anfänger sollte man mit Umfangssteigerungen besonders beim Laufen vorsichtig sein. Die Sehnen, Muskeln und Gelenke müssen sich erst an die neue Belastung gewöhnen. Nach einigen Jahren gezieltem Aufbautraining können auch längere Strecken orthopädisch besser verkraftet werden. Vielfalt ins Training und neue Perspektiven bringt es, eine bekannte Strecke in umgekehrter Richtung zu laufen. Auf dem Land lebend, kann man sich bewusst auch einmal an neue Pfade oder Zwischenräume wagen. Das waren oft meine schönsten und spannendsten Erlebnisse, kleine abgesicherte Abenteuer. Wichtig ist dabei, sich die Kräfte so einzuteilen, dass man im Notfall den gleichen Weg zurücklaufen kann. Das Laufen unmittelbar im Anschluss an eine intensive Radeinheit (sogen. „Koppeln") halte ich für wichtig. Dies kann ein kürzerer Lauf sein. Zur Abwechslung radele und laufe ich beim von mir so getauften *Emanzipierten Koppeln* auch einmal gleichlang, beim selteneren *Brexit-Koppeln* ist hingegen der finale Lauf zeitlich unbegrenzt. Die Assoziation ist nicht ganz zufällig – sie motiviert mich. Ich trainiere mittlerweile vorwiegend im ruhigen Grundlagenbereich (GA1). Eine Unterhaltung ist dabei noch gut möglich, auch mit den reichlich sprießenden inneren Ideen. Ein hochintensives Training (HIT) im *Sternchen-sehen-Bereich* vermeide ich seit der MS Diagnose, dies könnte leicht in ungünstigen Stress ausarten. Um trotzdem nicht in einen allzu langsamen Schlappschritt zu verfallen, absolviere ich stattdessen ab und zu lieber WK-Intervalle wie 6 x 1000 m oder 4 x 2000 m. WK steht dabei sowohl für das

Wettkampftempo, als auch für *Wach-Küss-Einheiten*. Das Pferd galoppiert nicht schneller als es muss. Beim nächsten Mal, wenn ich ausgeruht und aufgebaut bin, fällt dieses Tempo schon deutlich leichter. Der Körper erinnert sich zudem erstaunlich schnell an alte Zeiten. Ein Wiedereinstieg gelingt wesentlich komfortabler als eine Premiere. Ich besitze mehrere Paar Laufschuhe, so dass ich zu jedem Lauf andere anziehen kann. Dies bedeutet erholsame Abwechslung für die Fußmuskulatur und beugt somit Überlastungsschäden vor. Im Winter laufe ich gerne auch hügelige Strecken, ob unter der Woche in den Wohngebieten ohne allzu viel Autoverkehr oder an freien Tagen im angrenzenden Wald. Ab dem milden Frühjahr oder bei größeren Umfängen renne ich allerdings meist flacher auf Asphalt. Zum einen, um mich an den stärkeren Aufprall bei härteren Böden und an ein etwas höheres Tempo zu gewöhnen, zum anderen würden bei zu vielen Höhenmetern meine Achillessehnen protestieren.

Vorsicht, Tiere

Bären gibt es bei uns nicht, Wölfe wohl noch nicht, doch bei anderen Tieren muss man mitunter vorsichtig sein. Rehe sehe ich häufig, sie sind harmlos. Die Ausnahme war bei der Abfahrt in Zürich oder beim Autofahren in der Nacht. Wildschweinen begegne ich schon mit mehr Respekt; meist schnaufe oder trample ich laut genug, so dass sie rechtzeitig flüchten. Füchse sind scheu und schnell verschwunden, Hasen harmlos, Greifvögel meist zu wenig an mir interessiert, selbst für die Geier der nahe gelegenen Flugschau auf Burg Guttenberg bin ich noch zu zappelig. Größe spielt aber bei der potentiellen Gefahr keine Rolle, denn gerade die winzigen Zecken sind wohl praktisch am gefährlichsten. Hohe Gräser oder dichtes Unterholz meide ich daher in unserem FSME-Risikogebiet. Leider gab es in meiner Bekanntschaft schon einige langwierige Krankheitsverläufe. Mit Katzen habe ich in der Regel keine Probleme, es sei denn, sie überqueren in nahezu selbstmörderischer Absicht die Straße unmittelbar vor meinem Rad. Bisher nahmen solche atemberaubenden Begegnungen zumeist ein gutes Ende, jedenfalls für sie. Hunde mag ich, vor allem, wenn sie gehorchen. 99% der Begegnungen verlaufen friedlich. Die meisten Hundehalter passen sowieso gut auf, nehmen ihren Vierbeiner zu sich, weshalb ich mich höflich bedanke, wenn ich vorbeilaufe oder radle. Leider gibt es Ausnahmen. Ich habe gelernt, dass man dann keinesfalls den Hund fixieren sollte, sonst kann er sich attackiert fühlen. Da ich die bekannten Gassi-geh-Strecken möglichst meide oder bei Bedarf mein Tempo angleiche, klappt es insgesamt gut.

Trainingsplan und Jahresaufbau

Ich passe meinen Plan notfalls kurzfristig an die Wettervorhersage an. Diese ist quasi mein Korrektiv im Bereich der nächsten Tage. Das langfristige Ziel behalte ich trotzdem immer im Hinterkopf, die jeweilige Woche über bin ich flexibel. Jede Einheit sollte einen Zweck erfüllen und wenn dabei nur regenerativer Sport für einen freien Kopf sorgt. Kühles Wetter im Mai bedeutet Freibad mit Neo. Scheint die Sonne, ist es mir dort hingegen zu überfüllt. Trockenes Wetter wiederum ermöglicht wahlweise Laufen oder Radeln. In strömendem Regen draußen Sport zu treiben, vermeide ich wegen der MS, da ich mein Immunsystem nicht überstrapazieren will. Ich erinnere mich aber auch an längst vergangene Läufe vor der MS-Zeit bei Regen, Wind und Hagel. Nichts mehr sehend, stolperte ich bei einer Abkürzung sogar einmal durch einen kleinen Bach, was aber am Zustand auch nichts mehr änderte. Nasser als nass geht nicht, klare Sache. Und ich war nass! Wichtig ist eher, dass die Funktionskleidung mindestens windabweisend ist. Erstaunlicherweise bekam ich damals keine Erkältung. Sport hilft wohl tatsächlich bei der Stärkung des Immunsystems. Nach einem Leitsatz des Schwimmtrainers und Sportwissenschaftlers Holger Lüning „Wer nicht variiert, stagniert", passe ich die langfristige Planung der jeweiligen Lust und Laune an. Jedes Jahr wechsele ich so unter anderem den Winterschwerpunkt, mal Laufen, mal Radfahren, mal Schwimmen. In diesem Jahr plane ich zur Abwechslung sogar etwas mehr Athletiktraining ein. Im Alter werden die Muskeln leider schneller abgebaut. Unter der Woche trainiere ich selten mehr als eine Stunde täglich, oft sogar weniger. Mein „Big-Day" ist meist der Samstag. In der kalten Zeit starte ich normalerweise mit 3-4 Stunden-Einheiten, die ich ab Mitte März auf 6-8 Stunden steigere. So gebe ich meinem Körper die Chance, sich allmählich an die hohen Umfänge zu gewöhnen.

Tapern

Ein wesentlicher Grundsatz der Trainingsgestaltung ist, dass man in den letzten Wochen vor einem Wettkampf das Training bewusst runterfährt, die Belastung reduziert und so die Leistungsfähigkeit „kommen lässt", also die Form sich in der Ruhephase entwickeln lässt. In der Ruhe liegt die Kraft, stimmt schon, aber vor einem Wettkampf gilt genauso: In der Ruhe liegt die Gefahr. Für mich sind die Tage vor einem wichtigen Wettkampf die schwierigsten des ganzen Jahres. Der Körper sollte sich ausruhen, aber nicht in einen Ruhezustand abdriften, sonst ruft die Form nur noch schnell: Ich bin dann mal weg. Relativ bewährt haben sich bei mir kurze Einheiten im *Wach-Küss-Tempo*. Gut für den Kopf, nicht zu sehr belastend für die Beine. Der Sportentzug in dieser Zeit ist doppelt schlecht. Einerseits fehlt mir der wichtige mentale Ausgleich, andererseits bräuchte gerade die Anspannung vor den vielen Unwägbarkeiten eines Wettkampfes ein Ventil zum Ablassen. Im Gegensatz zu Volksläufen oder anderen häufig stattfindenden Veranstaltungen müssen für eine Triathlon-Langdistanz genau zu einem bestimmten Zeitpunkt die Form, das Wetter, die Laune, das soziale Umfeld und die Gesundheit passen. Als Amateur hat man meist nur die eine Chance. Dies war auch der ursprüngliche Grund, warum ich mich 2018 aus einer extremen Stresssituation heraus, ein Jahr im Voraus für gleich 3 Langdistanzen in 2019 anmeldete. So nahm ich mir viel von dem nervlichen Druck, sah alles nur als Chance, nicht als Muss und entschied immer erst am Vortag, ob wir dann wirklich zum Wettkampf fahren oder nicht. Zum Glück habe ich fast nie Fehltage durch Krankheit zu verzeichnen. Dies wäre nicht nur vor einem Wettkampf fatal. Hier helfen einige allgemeingültige Regeln. Ich wasche mir grundsätzlich die Hände, wenn ich heimkomme oder Kontakt mit häufig benutzen Türklinken hatte. So gut es geht, halte ich besonders in der Schnupfenzeit möglichst Abstand, vermeide kalte Zugluft oder verschwitzt in einer Brise zu stehen.

Lehrreich

Es ist schon spannend, welche Möglichkeiten das Leben findet, Botschaften zu vermitteln. Als ich in der frühen Zeit meiner zaghaft steigenden Laufumfänge ein etwas entfernteres, auf einem Hügel gelegenes, ausgedehntes Waldgebiet erforschte, kannte ich mich irgendwann nicht mehr aus. Selbst der sonst rettende Rückweg war mir zu lang und durch einige Querfeldeinaktionen zu verwirrend. Ich stand an einer Gabelung. 4 Wege zur Auswahl. Einer rechts, einer links, einer rauf, einer runter. Welcher ist der kürzeste nach Hause? Besonders fit war ich damals leider noch nicht und es wurde langsam dunkel. Instinktiv entschied ich mich - mein Ziel liegt ja bergab. Also nahm ich den scheinbar plausibelsten und einfachsten Weg: abwärts. Dies erwies sich als ein lehrreicher Fehler. Zum Glück kam ich später an eine bekannte Stelle und gelangte mühsam auf Umwegen nach Hause. Richtiger wäre es gewesen, erst bergauf zu laufen, um später die Schleife ins Tal zu nehmen. Die Moral von der Geschichte ist: Manchmal muss man bereit sein, den scheinbar unbequemen, schweren Weg zu gehen, um letztlich einfacher ins Ziel zu gelangen.

Kann ein 50 km Lauf mit MS ein Debakel sein?
Taubertal 100, Oktober 2019

Samstag um 6 Uhr starte ich abermals unterhalb von Rothenburg ob der Tauber zu einem stimmungsvollen langen Lauf durch das dunkle, romantische Taubertal. Doch viel zu schnell merke ich, dass heute nicht mein Tag ist. Meine trüben Gedanken sind weit weg bei einer neuen traurigen Herausforderung. Es regnet stark, zu intensiv für meine eigentlich wasserabweisende Funktionskleidung. Meine Beine werden trotzdem nass. Immer wieder bläst ein böiger Gegenwind, meine Oberschenkelmuskulatur blockiert viel zu früh. Ich kann sie zwischendurch überhaupt nicht entspannen, verkrampfe dauerhaft, heute ist die MS einfach stärker. Vor 3 Wochen klappte es dank sorgenfreier Euphorie mit einem 60-km-Trainingslauf in 6:30 Std. ungleich besser. Schlechtes Timing, grübele ich. Jetzt halte ich mit Mühe gerade noch auf den ersten 20 Kilometern das geplante Tempo, dann breche ich ein. Die positiven Gedanken flüchten. Ich wäre am liebsten hinterher, ab nach Hause, mich verstecken. Zusammenreißen! Irgendwie muss ich wenigstens mein Minimalziel bei KM 50 im Kurort Bad Mergentheim erreichen. „Never give up", lautet der Spruch von Andreas „Besi" Beseler, einem meiner wichtigsten Vorbilder mit MS. Ich gehorche zögernd, nehme die Intensität raus, trabe nur noch, was mir ohne echtes Ziel trotzdem sehr schwer fällt und finishe enttäuscht nach 5:50 Stunden.
Ist es wirklich ein Debakel? Ich denke mir: „Eh, Du hast MS, bist 50 Kilometer gelaufen!" Ich habe nicht die Zeit vergessen, als nach der MS-Diagnose ein 45-Minuten-Lauf bei mir absolute Glücksgefühle auslöste. Stolpern und manchmal Fallen bin ich mittlerweile durchaus gewöhnt. Ein Liegenbleiben ohne weitere Sturzgefahr wäre dann vielleicht bequem, aber nur mit Aktivwerden, für mich sinnbildlich einem *Aufstehen*, lebt die Hoffnung auf der Erfüllung neuer Träume. Also doch keine Niederlage?

Aufstehen ist Kuchen für die Seele

Würde ich einen Apfelbaum pflanzen, wenn morgen die Welt untergeht? Martin Luther soll sich in diesem Sinne geäußert haben. So ganz kann ich das allerdings nicht nachvollziehen. Ich wüsste einiges, was mir bei einer konkreten Endzeitperspektive besser gefallen würde. Bei genauerem Hinsehen wird es aber bereits mit dem Weltuntergang schwierig. Selbst in Katastrophen- oder Kriegszeiten mag solch ein düsteres Szenario eine gewisse Wahrscheinlichkeit besitzen, aber „morgen"? Vielleicht kommt doch noch eine Rettung. Gewissheit gibt es keine, mögliche Optionen dagegen viele. Folglich würde ich wohl doch einen Apfelbaum pflanzen, in der Hoffnung, in Zukunft von dieser Aktion profitieren zu können. Ähnliche Überlegungen treiben mich im Hinblick auf den Sport um. Soll ich weiter früh aufstehen, um für Langdistanzen zu trainieren? Die Gefahr ist durchaus real, dass in den nächsten Monaten etwas Wichtigeres dazwischenkommt, und die MS steht dabei nicht einmal im Vordergrund. Es ist schon seltsam, wie man sich auch an eine Zweckgemeinschaft gewöhnen kann. Beim Schreiben des Buches ist mir klar geworden, dass ich unzählige einzigartige und grandiose Erlebnisse versäumt hätte, wenn ich stets nur die theoretischen Chancen im Blick gehabt hätte. Also habe ich wieder angefangen, von den Zieleinläufen in Limmer und Roth zu träumen und den Weg dahin zu genießen. Bezeichnend fand ich meinen heutigen Lauf. Ich hätte im Bett liegenbleiben können, denn draußen war es ungemütlich, dunkel, nasskalt und neblig. Doch ich stand auf, wurde aktiv. Ich verlief mich sogar etwas im Nebel, es wurde zäh. Und doch perfekt. Aktiv im Leben! Die Dämonen blieben zurück. Selbst wenn ich kurz vor dem Ziel ausgebremst werden sollte, ich habe nichts zu verlieren. Allein durch meine mächtigste Hilfe, das **tägliche Aktivsein mit Spaß**, gewinne ich zuvor schon unzählige Male. Ein verlockendes Motto: ***Aufstehen ist Kuchen für die Seele.***

BESI & FRIENDS

Andreas "Besi" Beseler erkrankte 1992 an Multiple Sklerose. Sein Leidensweg war lang und voller Höhen und Tiefen. Der Grundstein von BESI & FRIENDS wurde im Jahre 2013 gelegt, als Besi nach Kanada flog, um über 3.800 Kilometer mit dem Rennrad durch Kanada zu fahren. Mit seiner Tour durch Kanada wollte er anderen Erkrankten Mut und Hoffnung machen. Besi fand Sponsoren, Interessenten und Unterstützer, die für jeden gefahrenen Kilometer einen Geldbetrag spendeten. Es kamen insgesamt über 26.000 Euro zusammen. Durch diese Aktion wurden immer mehr Menschen auf ihn aufmerksam und schlossen sich ihm an. Die Gemeinschaft wurde immer größer und so waren es schon bald nicht nur Menschen mit Multipler Sklerose, sondern auch mit Rheuma, ALS, Diabetes, Querschnittslähmung, Morbus Crohn, Morbus Bechterew und anderen Erkrankungen. Heute sind es über 1.200 Menschen in ganz Europa, die im Trikot von BESI & FRIENDS Rennrad fahren, laufen oder schwimmen. Bis 2018 wurden insgesamt mehr als 320.000 Euro an die Nathalie-Todenhöfer-Stiftung gespendet, die sich für MS-Erkrankte einsetzt. Dieser Betrag kam durch Sponsorengelder, Unterstützer und eigene Veranstaltungen zustande. Je größer die Gemeinschaft wurde, desto größer wurde der Wunsch nach einer festen Basis und einer gewissen Struktur. Nur so konnte mitbestimmt werden, wer auf welche Weise gefördert werden kann. Zu diesem Zweck wurde die BESI & FRIENDS-Stiftung gegründet.

Wer wird unterstützt?
An die Stiftung können sich Menschen wenden, die durch neurologische oder Autoimmunkrankheiten in finanzielle Nöte geraten sind und Therapiemaßnahmen benötigen, die von den Kassen nicht bezahlt werden.

Wie soll geholfen werden?

Die Unterstützung kann z.B. für therapeutische Maßnahmen erfolgen, aber auch Umbauten am Haus sowie Anschaffungen von Fahrzeugen, Hebeliften, Rollstühlen oder anderen notwendigen Dingen ermöglichen.

Höhenmetersammeln Nauses Deep Valley 2019

Ein Beispiel von vielen, bei denen man die besondere Gemeinschaft erfahren kann. Hier lernte ich Besi sowie andere motivierte Aktive und engagierte Helfer endlich persönlich kennen. Für einen guten Zweck läuft oder radelt man möglichst lange. Beim Lauf sind es ca. 140 Höhenmeter auf rund 3,9 km je Runde über teilweise schmale Pfade in romantischer Natur. Stolperte ich anfangs noch unsicher durch den Wald, gefielen mir die mitunter holprigen Wege im Laufe der Zeit immer besser. Es machte mir zunehmend Spaß. Nach 5 Stunden durfte ich 10 Runden und eine glänzende Laune bilanzieren. Als kleiner Schönheitsfehler konnte ich lediglich in den folgenden Tagen aufgrund meiner vorbelastenden Achillessehnen nicht völlig schmerzfrei auftreten. Schade, aber ich bin froh, dass ich sonst noch so ausgiebig und beschwerdefrei laufen kann. Mit MS ist dies alles andere als selbstverständlich. Auf harte Wettkämpfe könnte ich irgendwann verzichten. Hauptsache, ich kann mich in der freien Natur aktiv bewegend entspannen.

Es ist für mich nicht nur ein innerer Antrieb gewesen, sondern auch eine Ehrensache, dieses Buch zu schreiben. Ich hoffe nur, nicht umsonst.

Wenn sich jemand dadurch inspirieren lässt, das Träumen nicht aufzugeben, war es für mich schon ein Erfolg, zumal sämtliche Erlöse der BESI & FRIENDS-Stiftung zugutekommen.

Aufmunterung

Kurz nach meiner Diagnose hatte ich bei triathlon-szene.de einen Blog eröffnet, mit der anfangs erwähnten Ausgangsfrage: „Kennt Ihr Fälle, wo jemand trotz MS eine Langdistanz oder ähnliches ohne negative Folgen absolvierte?" Die Reaktionen waren damals gigantisch und sind auch jetzt noch überwältigend.

Nachfolgend sind 3 Antworten aufgeführt; stellvertretend für viele, als ich zum Beispiel fragte, ob ich mich nicht blamieren würde, meine Erfahrungen in einem Buch veröffentlichen zu wollen:

NEIN!
Du blamierst dich ganz sicher nicht. Die Kostprobe würde reichen, um eine Menge interessierter Leser zu finden, da bin ich sehr sicher! Davon abgesehen, dass ein „Projekt" neben dem Sport dir möglichweise eine Stütze in der einen oder anderen dunklen Stunde sein kann, […]
Ich weiß nicht, ob dir bewusst ist, wie stark du bist. Ich meine jetzt nicht deine körperliche Konstitution (die zu großen Teilen sicher auch auf der mentalen basiert), sondern das, was man Resilienz nennt. Zu lesen, wie du damit umgehst, wenn es gerade mal wieder dunkel wird, ist vermutlich nicht nur für mich immer wieder ein Denkanstoß. Also schreib! **Yvonne**

Willkommen im Club - Du schreibst mir aus dem Herzen, der Seele, dem tiefsten Inneren.
Für mich war Schreiben in meinen schlechtesten und dunkelsten gesundheitlichen Zeiten ein Teil der Therapie - ich hoffe, dass Dir das Schreiben auf dem weiteren Weg ebenso Hilfe und Stütze sein kann.
Monika

- *Dein Schreiben tut dir gut - das ist ein wichtiger Punkt. Wir haben in den vergangenen Jahren das immer wieder festgestellt und waren ob deiner Authentizität und deiner Kämpfernatur beeindruckt.*
- *Dein Schreiben tut uns gut - das sollten wir nie vergessen, die nicht in dem Maße gehandicapt sind; im Leben nicht und beim Sport nicht. Wenn DU sowas kannst: Was können wir dann? Oder: Leben wir nicht eigentlich unter unseren Möglichkeiten?*
- *Dein Schreiben ordnet und strukturiert. Wie oft hast du uns berichtet, dass du körperlich, aber auch mental am Boden warst und die Gedanken Achterbahn fuhren. Nicht immer war dein Training leicht und deine Zweifel konnten schon übermächtig werden. Doch wenn du dann von deinen Abenteuern, Wettkämpfen, Erfolgen und Glückserlebnissen berichtet hast, dann hast du all das voran gegangene Chaos sortiert und dabei stets neu festgestellt, was du da eigentlich geleistet hast. Und dabei das Gefühl des "Ich kann noch" neu gespürt.*
- *Dein Schreiben ist lesenswert. Keine leichte Lektüre, kein Schmöker für zwischendurch. Fast immer harte, ehrliche Kost. Schwarzbrot und Rührei. Das ist nahrhaft auch für die Seele. Das rüttelt einen durch, manchmal auf und rückt die Verhältnisse zu Recht. Manchmal stockt beim Lesen der Atem, man wird als Leser mit ausgebremst, sieht vielleicht nicht die nächste Kurve (des Lebens oder eben nur der Radrunde - aber wer weiß das schon), aber wird immer mitgenommen in die nächste Ebene. DAS motiviert! Und du hast was zu sagen!* **Peter**

In guten wie in schlechten Zeiten

In diesem Werk kamen schon die unterschiedlichsten Personen und Gestalten zu Wort. Ich selbst oft genug, eine launische MS, ein schwer erkennbares Engelchen, ein hitziges Teufelchen, eine offenherzige Pulsuhr, eine gewichtsempfindliche Waage, für viele stellvertretend einige Sportlerinnen und Sportler aus dem Triathlon-Forum. Wer fehlt noch? Die wichtigste Person überhaupt: unsere Familienmanagerin, meine geliebte Frau, treue Weggefährtin, kluge Ratgeberin und vertrauensvolle Seelsorgerin, ganz einfach mein Herzblatt. Einmal war sie überrascht, als ich ihr widersprach, doch da musste ich entschieden etwas klarstellen. Hatte sie doch eher beiläufig einer Freundin berichtet, dass sie drei Tage in der Woche arbeiten würde. Ich korrigierte und betonte, dass sie volle 7 Tage in der Woche aktiv ist, lediglich 3 davon auswärts in einer Teilzeitstelle. So ähnlich ist es auch beim Triathlon. Ausnahmslos war sie bei allen meinen Wettkämpfen dabei. Sie hilft mir sehr, nicht nur tatkräftig organisatorisch oder durch engagiertes Anfeuern. Da ich weiß, dass sie im Ziel wartet, habe ich eine unaufhaltsame Motivation dahin zu gelangen, quasi das Gummiband zum Finish. Eine Umarmung von ihr ist die größtmögliche Belohnung für mich. Doch wer hat nun in einer glücklichen Ehe das letzte Wort? Hinter vorgehaltener Hand munkelt man verstohlen: „Der Mann" (wenn er letztlich mit „ja, mein Schatz" gehorcht). Bei uns nicht. Ich könnte meine Meinung nur schlecht verleugnen. Warum wir trotzdem seit über 30 Jahren glücklich liiert sind? Nun, wir nehmen von vornherein Rücksicht auf die innigen Wünsche oder Befindlichkeiten des Partners. So ist meist keine explizite Zustimmung oder gar ein letztes Wort nötig. Wir sind uns fast immer zuvor schon einig und wenn ausnahmsweise mal nicht, gilt ebenso hier: „In einer guten Ehe teilt man alles", also auch das letzte Wort. Folgerichtig, Ehre wem Ehre gebührt, darf nun Herzblatt die letzten Wörter zu Papier bringen, ihre Sicht von einem langen Wettkampftag in Roth schildern und das Buch würdig beenden.

Alle Wege führen nach Roth
Challenge Roth 07.07.19

Am Wettkampfmorgen um 4 Uhr ist auch für mich die Nacht vorbei. Matthias ist schon länger wach, die nervöse Anspannung vor einem Wettkampf ist einfach zu groß für ihn. Als erfahrene Mama erinnere ich mich an Phasen, in denen frau ihre Lieben kaum mehr erkannte. **Trotzkopf, Pubertät, Tapern.** *In dieser Zeit vor einem Wettkampf schwebt ein „DNS" (**D**arf **N**icht **S**ein) wie ein Damoklesschwert über uns. Zugluft könnte einen Schnupfen verursachen, zu schwer heben die Bandscheibe schädigen. Wie heißt es so schön im Eheversprechen: „In guten, wie in schlechten Zeiten". Der Rest des Jahres sind gute Zeiten, also nutze ich meine während der Erziehung gesammelten Erfahrungen und warte nachgiebig. Warten können, ist auch während des Wettkampfs eine wichtige Eigenschaft. Derweil wir die wenigen Kilometer bis zum Parkplatz in Heuberg fahren, sind wir still, ganz in Gedanken versunken. Frühzeitig angekommen, verabschieden wir uns herzlich von einander, ein langer Tag steht vor uns. Mir gefällt die Atmosphäre in Roth. Alles so locker, freundlich und entspannt. Bei den Altersklassenathleten geht es meist wirklich nur um das mehr oder weniger schnelle Ankommen. Mehr ein familiäres Miteinander als ein Gegeneinander. Vorbildlich. Während Matthias seine Sachen richtet, suche ich mir einen Platz beim Schwimmausstieg und warte dicht gedrängt. 6:30 Uhr, ein lauter Knall ertönt, der Startschuss. Die ersten Athleten kraulen los, die nächsten Gruppen jeweils im 5 Minuten Abstand hinterher. Später beim Schwimmausstieg feuere ich Matthias emotional an. Ich bin immer froh, wenn die erste Disziplin geschafft ist. Anschließend wandere ich zum Solarer Berg. Eine überwältigende Stimmung empfängt mich. Gänsehaut. Hier soll ich ihm noch in einer Literflasche seine Eigenverpflegung reichen. Wie vorgeschrieben, reihe ich mich einige Meter nach der Versorgungsstelle ein. Häufig begleiten mich mein sportbegeisteter Jüngster oder sympathische*

Bekannte, das freut mich. Rechtzeitig zu erkennen, wann genau mein Schutzbefohlener kommt, ist immer wieder eine Herausforderung. Mitunter helfen dabei GPS Tracker, die die Position eines Athleten exakt orten können. Beim Briefing anlässlich der Taubertal 100 sorgte ich 2017 für allgemeine Heiterkeit. Ich fragte damals, ob ich ein Ortungsgerät bekommen könne, damit ich wüsste, wo sich mein Mann gerade aufhält. Ein Scherzbold meinte, wir müssten den Sender nach dem Rennen allerdings wieder abgeben. Nichtsdestotrotz feierte der hilfreiche Service 2018 seine Premiere. Jetzt, fast 4 Std. sind seit dem Start vorbei, sehe ich Matthias heran radeln. Er befindet sich ungefähr bei KM 72. Die Übergabe der Radflasche klappt, viel sprechen kann er dabei meist nicht, halt Mann. Er muss vor allem aufpassen, sich wieder unfallfrei einzuordnen, aber einen gewissen Eindruck von seinem Zustand und seiner Gemütslage erhalte ich schon. „Reden ist Silber, Finishen Gold." Ich haste stadteinwärts nach Hilpoltstein, an einer Kurve kann ich ihn etwas später nochmals kurz sehen. Danach walke ich zurück zum Auto, fahre nach Roth, suche einen freien Parkplatz und laufe einige Kilometer zur Lände, dem Dreh- und Angelpunkt beim Laufen. Hier steppt wahrlich der Bär. Anfangs laufen viele extrem fit wirkende schlanke Athleten vorbei. Später sehe ich durchaus auch Sportler mit einem normaleren Körperbau. Ich denke, dass bei einer solch langen Strecke oft der Wille entscheidend ist. Nach über 8 Stunden kommt Matthias getrabt, für ihn ist es der vierte Laufkilometer. Sein Tempo ist schon deutlich angepasster, mir bleibt genug Zeit, um die Eigenverpflegung zu richten. Ich bin abermals erleichtert, auch das heikle Radfahren hat er unfallfrei überstanden. Jetzt gilt für ihn, auf seinen Kreislauf zu achten und für mich weiterhin geduldig zu bleiben. „Kommt Zeit, kommt Ziel." Durch die folgenden Schleifen kann ich ihn bei KM 12 an der gleichen Stelle aufmuntern, wie auch noch einmal bei KM 25. Danach eile ich zurück nach Roth, suche den Shuttle-Bus und fahre erstmals nach Büchenbach. Gerade rechtzeitig angekommen, sehe ich ihn um den See traben. Er ist, wie viele andere zu diesem Zeitpunkt, ganz in Trance, gedankenschwer, der Körper eingesackt. Ich feuere lautstark und enthusiastisch an. Das wirkt immer. Gut gezogen. Er reagiert, erkennt mich zwar gar nicht einmal, lächelt trotzdem, richtet sich auf, dankt, sammelt so wohl neue Energie und trabt engagierter weiter. Währenddessen eile ich zurück nach Roth, warte. Erstmals stolpert er nicht im Stadion, finisht unfallfrei, geschafft. Wer zuletzt lacht, ist nicht eher im Ziel, aber doch im Ziel, freue ich mich. Auf der Brücke sprechen wir kurz miteinander, doch er muss erst seinen Kreislauf beruhigen. Die Anspannung weichen lassen, ohne umzukippen. Für mich eine weitere Stunde freie Zeit, bis wir uns an einem vereinbarten Ort treffen. Unsere Pflichtaufgaben sind noch nicht erledigt. Wir gehen 1-2 km zum Radabholen, 3-4 weitere bis zum Parkplatz. Ich helfe beim Tragen. Wir feuern dabei die unverzagten Athleten an, die noch auf der Laufstrecke unterwegs sind. Anschließend fahren wir zu unserer Unterkunft. Dabei erzählt er, lässt das Rennen in Gedanken und Worten Revue passieren. Falls er einmal meint, „Nie wieder", weiß ich inzwischen, dass der Satz nicht fertig gesprochen ist. „Nie wieder so", passt eher. Daheim duschen wir, erzählen mit unseren Gastgebern, ruhen. Am nächsten Morgen darf ein neues Abenteuer beginnen. Obligatorisch stellen wir uns dann in die Warteschlange für einen Startplatz im nächsten Jahr. Dabei kann ich mich oft glänzend unterhalten. Viele sind aufgrund ihrem erfolgreichem Finish weiterhin in gelöster Stimmung, andere potentielle Ersttäter in gespannter Erwartung, was kommen mag. Genügend Stoff zum Erzählen. Warum ich dies alles mache? **Gemeinsam in guten wie in schlechten Zeiten.** Auch für ihn ist es selbstverständlich mir dabei zu helfen, meine Träume zu erfüllen. Ich kenne ebenfalls das unbezahlbare Gefühl, nach einem stressigen Tag mit Hilfe von Sport mit Spaß oder anderem Aktivsein in eine mental entspannte Stimmung zu gelangen.

Roth zählt definitiv zu den guten Zeiten.